KiWi 351

Über das Buch
Die bulgarische Autorin Ekaterina Tomowa, bei uns nahezu unbekannt, in ihrem Land eine herausragende Lyrikerin, hat Mitte der siebziger Jahre eine Zeitlang mit hundertjährigen Bewohnern im Rhodopengebirge verbracht. Eigentlich sammelte sie Material für eine ethnologische Zeitschrift, doch aus diesen Forschungen wurde schließlich ein Buch mit zehn »dokumentarischen Erzählungen« über die Bergbewohner. In Bulgarien waren diese Erzählungen das Buch des Jahres, sie erhielten den Preis für Belletristik des bulgarischen Schriftstellerverbandes.
In langen Gesprächen mit den Hundertjährigen hat die Autorin beeindruckende Lebensgeschichten aufgespürt und zu einem Text von hoher literarischer Qualität verdichtet. Die kunstvoll miteinander verwobenen Monologe erheben sich zu einem Chor der Stimmen aus einer anderen, verwandelten Zeit. Neben der Erinnerung an die wenigen wirklich wichtigen Ereignisse sprechen die Alten, auf der Schwelle zwischen Leben und Tod, vor allem vom Tod und ihren Vorstellungen eines Lebens danach. Die Erzählungen bewahren und berühren jahrhundertealte Traditionen, sie sind zugleich von bewegendem Humor und von archaischer Poesie.

Die Autorin
Ekaterina Tomowa, geb. 1946 in Plovdiv/Bulgarien, aufgewachsen in den Rhodopen, Gymnasium in Assenowgrad, Studium bulgarischer Philologie und Literatur in Sofia, wo sie heute lebt. Sie arbeitet als Journalistin und Redakteurin und ist Herausgeberin der Zeitschrift »Moderne Welt«.

Veröffentlichungen (bulgarisch):
Aufgehende Hügel, Gedichte 1975; *Die vom Himmel Vergessenen*, 1981; *Selbstbildnis*, Gedichte 1989; *Gäste aus dem Jenseits*, Roman, 1994.

Ekaterina Tomowa

Die vom Himmel Vergessenen

Hundertjährige erzählen ihr Leben

Deutsch von Annemarie Mara

Kiepenheuer & Witsch

Titel der bulgarischen Originalausgabe *Sabravenite ot nebeto*
© 1994 by Verlag Kiepenheuer & Witsch, Köln
Alle Rechte vorbehalten. Kein Teil des Werkes darf in irgendeiner Form
(durch Fotografie, Mikrofilm oder ein anderes Verfahren) ohne schriftliche
Genehmigung des Verlages reproduziert oder unter Verwendung elektronischer Systeme verarbeitet, vervielfältigt oder verbreitet werden.
Redaktion Andreas Graf
Umschlaggestaltung Manfred Schulz, Köln
Fotos (S. 140, 141) Sonja Rothweiler
Umschlagfoto © Eberhard Grames
Satz Fotosatz Froitzheim, Bonn
Druck und Bindearbeiten Clausen & Bosse, Leck
ISBN 3-462-02380-2

INHALT

Vorwort..	9
Dimiters Himmel	16
Magdalina..	29
Der Nebel um Sofia	37
Nachtgespenster..	45
Die Tannenschlucht	55
Golgotha	69
Manusch	81
Eine Handvoll Staub	93
Tishina	103
Noah und Suiza	117
Nachwort zur deutschen Ausgabe	131
Anhang	135

Vorwort

1975 reiste ich durch die Rhodopen, um ethnographisches und folkloristisches Material für die Zeitschrift »Rhodopen« zu sammeln. Diese Dienstreise führte mich in die nördlich des Gebirges gelegenen Tschernatiza-Berge (in das Ruptschos-Gebiet mit den Dörfern Pawelsko, Chwoina, Malewo und Orechowo – im Bezirk Smoljan) sowie in die zwei Kilometer breite Grenzzone zwischen dem Grenzübergang Makasa und dem Gipfel Wejkata im Südosten der Rhodopen (den Dörfern und Gehöften der Gemeinde Kirkow: Kirkow, Schumnatiza, Soluka, Domischte, Sherka, Sawoja, Drushinizi, Losengradzi, Krilatiza, Burseja und Kosterinowo – im Bezirk Kurdshali).
Beide Rhodopenteile unterscheiden sich landschaftlich beträchtlich. Die dicht mit Kiefern und Tannen bewachsenen hohen Bergrücken der Tschernatiza gehen im Südosten in ein Meer von runden, weiß schimmernden kahlen, nur hie und da von verstreuten kleinen Laubwäldern bestandenen Kuppen und Hügeln über. Statt des üppigen Himbeergestrüpps, Heidelbeerpflanzen, der dunklen Buchenwälder, der Hochgebirgswiesen und Kartoffelfelder in der Tschernatiza gleitet der Blick im Südostteil über unbewachsene Höhen, baumlose, nach unten hin von Haselgesträuch und Brombeerbüschen überwucherte abschüssige Hänge mit schmalen Pfaden zwischen den Anhöhen und stellenweise von uralten Tannen gesäumten schluchtähnlichen Tälern, ab und zu sprudeln in den Tabakfeldern Mineralquellen. Von dem pyramidenförmigen Gipfel des Persenk in der Tschernatiza ist fern und undeutlich das Ägäische Meer zu erkennen, aber von dem Bergrücken des Orient liegt es greifbar nah zu unseren Füßen, man braucht nur die Hand auszustrecken, um es zu berühren.

Trotz der Unterschiede in der Landschaft sind die Menschen in den beiden Teilen untereinander eng verbunden. Das Gebirge hat nicht nur ihre Lebensweise verbunden, sondern auch ihre Seelen.

Ich bin mit Menschen im Alter zwischen neunzig und hundertacht Jahren zusammengetroffen. Sie erzählten mir ausführlich von ihrem Leben, ihrem Alltag, ihren Sitten und Gebräuchen, Überlieferungen, Legenden, von den Wechselfällen ihres Lebens und ihren stärksten Erlebnissen. Die meisten litten an Rheuma und Arthritis, hatten jedoch ein sehr gutes Gedächtnis, fühlten sich gut, waren sehr wissensdurstig und humorvoll. Auf meine beständige Frage nach dem Geheimnis ihrer Langlebigkeit antworteten alle ein und dasselbe: »Wenn du eine gesunde und große Seele hast, ist auch dein Leben lang.«

Die Hundertjährigen weigerten sich kategorisch, fotografiert zu werden. Und nicht nur das. Wenn sie merkten, daß ich sie heimlich mit der Höllenmaschine verfolgte, verschlossen sie sich, verstummten oder zeigten offenen Unwillen. Wenn ich sie fragte, weshalb sie das Fotografiertwerden so strikt ablehnten, erwiderten sie mir, der Mensch solle nicht mit seinem Gesicht in Erinnerung bleiben, sondern mit seinen guten Taten und seinem guten Namen. Die Fotos seien Scheinbilder, die den Menschen hinter das Licht führen könnten, ihn verwirren, nur seine Falten erfassen würden, sein ergrautes Haar, seine gekrümmte Gestalt und seine trüben Augen, aber der Mensch sei vor allem eine Seele. Die Seele sei größer und stärker als alles, sie dürfe nicht von dem Teufelsding übertölpelt werden.

Ein großer Teil meiner Tonbandaufzeichnungen wurde zudem insgeheim aufgenommen, da das Gerät sie entweder erschreckte oder in den meisten Fällen von ihnen als eine Geringschätzung ihrer Worte aufgefaßt wurde. Die richtigen Worte bedürften nicht des Maschinchens. Sie würden in der

Seele des Menschen für das ganze Leben bleiben und noch mehr, auch noch nachkommende Generationen erreichen.
Gewöhnlich versuchte ich die Hundertjährigen zuerst kennenzulernen, dann vereinbarten wir einen Tag für die Gesprächsrunde. Ich traf sie in neuen Kleidern an, in einem für Gäste hergerichteten Zimmer, wo Essen und Trinken vorbereitet war.
Jedes Treffen war ein langsames Herantasten mit vielen Scherzen und rührender Gastlichkeit, denn der Gast wird hier geachtet und seine Wünsche sind heilig.
Die Alten erklärten mir geduldig und höflich alles, was mich interessierte, wobei sie nicht vergaßen, auch mich auszufragen, mehr aus Achtung als aus Neugier, und am Ende wollten sie hören, ob mir ihr Erzähltes gefallen habe und meiner Arbeit entsprechen würde. Oft zogen sich unsere Gespräche über Tage und Wochen hin. Bei jedem folgenden Treffen erzählten mir die Hundertjährigen nachts Überdachtes und ergänzten damit zuvor Erzähltes.
Bei diesen Treffen machte ich mir auch Notizen. Zu den Aufzeichnungen in einem Buch hatten sie immer eine positive Einstellung, sie achteten das Geschriebene. Manchmal wollten sie, daß ich es ihnen vorlese, und sie wunderten sich dann, ihre gesprochenen Worte aus dem Manuskript zu hören. Das vermittelte ihnen eine eigenartige Freude.
Ein paarmal spielte ich ihnen die Tonbandaufzeichnungen vor, wobei sie ihren Ohren nicht glaubten, daß das Maschinchen es geschafft hatte, ihre Stimmen zu erfassen. Und danach mußte ich ihnen unbedingt versprechen, dieses Teufelsmaschinchen nach Beendigung meiner Arbeit zu vernichten. Die Ältesten vom Südostteil glaubten nicht an das Maschinchen, verfluchten es, und als ich sie darum bat, erklärten sie mir, weshalb. Sie wiederholten, daß eine Maschine nicht das Menschliche im Menschen ersetzen könne, da dies nicht geschehen dürfe.

Einige der Alten hatten eine Volksschule besucht (zur damaligen Zeit waren das vier Schuljahre). Es gab aber auch solche, die nur ihre Initialen schreiben, jedoch nicht lesen konnten, auch völlige Analphabeten waren dabei. Zur Wissenschaft empfanden sie Neugier, gepaart mit viel Skepsis, aber sie achteten das Wissen, und immer wieder fragten sie mich, wann es soweit sei, die Medizin gegen alle Krankheiten zu haben: eine Arznei gegen das Schlechte im Menschen. Ununterbrochen stellten sie mir Fragen, ob die Wissenschaft bewiesen habe, daß es wirklich kein Leben nach dem Tode gebe, und wenn nicht, wohin nach Ansicht der Wissenschaft die menschliche Seele gehe, ob sie auch wie der menschliche Körper sterbe und inwieweit die gegenwärtige Wissenschaft in die Geheimnisse des Todes eindringen konnte.

Sie liebten es, sich über diese Thematik zu unterhalten.

Einen starken Eindruck machten auf mich ihre provozierenden Gedanken über Himmel und Erde, ihre Religion mit der Überzeugung, daß Gott ein und derselbe sei, aber verschiedene Namen habe, daß es eine Kraft gebe, die alles auf der Erde geschaffen habe, das menschliche Leben und auch den Himmel, daß es viele Geheimnisse auf der großen und kleinen Welt gebe – wie die menschliche Seele, die sich aber zur vollen Stärke durch gute Taten entwickeln müsse.

Es ist schwierig, ihre Philosophie in einem Begriff zu definieren. Mit dem Blick der Hundertjährigen verliert der Mensch die Vorstellung von seiner Vergänglichkeit, er hört auf, physisch sterblich zu sein; nicht nur, weil das menschliche Geschlecht fortlebt, sondern weil er glaubt, die menschliche Seele sei unsterblich.

Was bedeutet für die Alten ihr langes, ausgefülltes Leben, was blieb vorrangig in ihren Erinnerungen?

In den meisten Fällen, unabhängig von ihren verschiedenen Schicksalen, erinnern sie sich an das stärkste Erlebnis, gleich,

ob es traurig oder freudig war, unter diesem Eindruck lebten sie weiter und suchten darin auch den Sinn im Tod.
Die Materialien von meiner Reise waren gesammelt, übertragen und abgegeben. In meinen Notizbüchern blieben skizzierte Eindrücke, aufgezeichnete Gespräche, Biographien, Legenden, Gedanken der Hundertjährigen, gemischt mit meinen eigenen Überlegungen.
Die folgenden Erzählungen sind im Wesen authentisch, nur die Namen der Hundertjährigen wurden geändert, das Material überarbeitet und systematisiert, vereint mit neuen Gedanken, welche, so hoffe ich, der Leser richtig verstehen wird.
Mein Anliegen ist es, ihren Gesichtswinkel zu wahren, ihre Gedanken zu erhalten für einen breiten Leserkreis in dem originalen melodischen Dialekt der Rhodopen, mit seinem Kolorit, seiner seltsamen Schönheit und seiner eigenartigen Architektonik.
Die alten Menschen bevorzugen diese Erzählform.
Nachdem wir uns näher kennengelernt hatten, sagten sie mir, was sie von mir als Gesprächspartner hielten und wie sie mich in Erinnerung behalten würden. Beim Abschiednehmen wollten sie von mir hören, wie ich mich an sie erinnern werde.
Mit vorliegendem Buch möchte ich auf diese Frage antworten, die mir von ihnen und ihren Nachkommen gestellt wurde.

Ekaterina Tomowa

»Wenn du auf den Himmel steigst und die Rhodopenberge von hoch oben betrachtest, was wirst du sehen? Du wirst sie klein sehen und denken, daß du sie in einer Hand halten könntest...«

So begann mein Gespräch mit einem Greis bei einer Autobusschutzhütte an der Chaussee nach Slatograd, während wir die fernen Flügel eines Flugzeugs über uns betrachteten. Als das Flugzeug verschwunden war, schaltete der Alte wieder sein Transistorradio ein und zog die Antenne hoch.

»Es stimmt nicht«, meinte er, »du weißt weniger als ich!«

Und indem er seine neugierigen, wißbegierigen Augen zu den zarten Umrissen der Bergkämme wandte, lachte er vielsagend.

»Nämlich was?«

»Wenn du es hören willst, werde ich es dir sagen, damit du es das nächste Mal weißt.«

Und der Alte erzählte mir, wie die Kosmonauten bemerkt hatten, daß je weiter sie sich von der Erde entfernten, diese um so durchsichtiger wurde. Alles konnte man sehen, nicht nur die Erdoberfläche, auch was darunter war. Die Erde wurde klar wie Wasser, sogar die Gebeine der Verstorbenen waren zu sehen. Angeblich konnte man sie zählen und eine Rechnung aufstellen, wieviel Menschen bis jetzt in diesen Bergen gelebt hatten. Wenn jemand besonders gute Augen hatte, sah er die Geister aller Verstorbenen. Nachts kamen sie angeblich vom Himmel zurück, versammelten sich in ihren Heimatorten, so konnte man ehemalige Dörfer, Gehöfte und längst verschwundene und vergessene Menschen, Tiere und Häuser erkennen.

Alles, was in diesen Bergen gelebt hatte, soll im Himmel bewahrt sein. Die Toten sind tot, aber ihre Geister sind nicht untergegangen, und wenn man an sie denkt, werden sie kommen. Am Tage verhindern die Sonne, die Blumen, die Gräser, die Bäume und das Licht, sie zu sehen. Die jungen

Leute werden außerdem durch ihre Jugend gehindert. Aber wir brauchen nur die Alten zu fragen, überall trifft man sie in dieser Gegend. Alles hier in den Bergen, wohin dein Auge reicht, ist voll von Schatten, von Stimmen, von Augen, verstreut in den Buchenwäldern und an den Hängen. Sie kommen von oben herab, wenn sie sich nach der Erde sehnen. Denn oben ist nur der Himmel. Und beide, diese Erde und dieser Himmel, sind durch die menschlichen Seelen verbunden. Auf diese Weise gehört der Himmel, wie er von hier blau, hell und endlos zu sehen ist, auch den Menschen, nicht nur den Göttern.

Dimiters Himmel

Mich hat der Himmel vergessen.
Alle hat er zu ihrer Zeit geholt. Sowohl meine Alte, als auch die Brüder und die Nachbarn. Jetzt bin ich an der Reihe. Ich habe meine Jahre bis hundert gezählt, dann habe ich aufgehört, sie zu zählen.
Ich sehe, der Himmel hat sich ausgebreitet, blau wie eine Herbstzeitlose.
Na los doch, hol mich, ich habe genug gewartet! Lange habe ich auf Erden gelebt, die halbe Welt habe ich gesehen, und die andere Hälfte ist genauso, und eine Sippe von fünfzig Menschen habe ich in die Welt gesetzt, was mehr?
Aber der Himmel hört überhaupt nicht auf mich.
Nur der Wind bleibt bei mir stehen:
»Was ist denn, Großvater Dimiter, bist du noch hier? Sieh doch, dein Bart reicht schon bis zum Gürtel, sieh, wie weiß er ist, von allen Schneefeldern an den Hängen hast du die weiße Farbe genommen.«
»Ja, viele Schneestürme hat er erlebt. Ich warte, daß mich der Himmel zu sich holt, weißt du nicht, wann?«

»Du mußt warten. Der Himmel hat dich hiergelassen, damit du die Erzählrunde erhältst, bis ein besserer Erzähler als du geboren wird.«
»Ist der denn noch nicht geboren? Du treibst dich doch überall herum, du mußt es wissen.«
»Nein, noch nicht.«
Und ich warte. Mal im Haus, mal gehe ich auf den Platz und schaue den Kindern zu, wie sie ihre Reifen treiben.
Wenn ich aufstehe, wasche ich mich, ziehe mir ein sauberes Hemd an und warte auf die Worte: »Es ist soweit, Dimiter!« Und er mich bei den Händen nimmt.
Hinter dem Haus habe ich meinen Garten mit Bernsteinbirnen und Blumen. Wenn sie im Frühjahr blühen, glaubt man, der Regenbogen sei in den Garten gefallen. Wenn die Sonne scheint, glänzt alles wie Gold.
Seinerzeit haben meine Alte und ich dieses Haus gebaut, haben Stein um Stein aus der Schlucht geholt. Innen haben wir es weiß gekalkt, außen blau. Jetzt ist es abgeblättert vom Regen, hat Flecken gekriegt wie eine Eidechse.
Meine Kinder nennen es eine Ruine, seit sie sich ein großes Haus gegenüber gebaut haben. Auch für mich haben sie einige Zimmer gelassen, städtisch eingerichtet und voll mit Maschinenkram. Heutzutage ist die Welt voll mit Maschinenkram, und die Menschen haben viel Zeit zum Faulenzen. Große Zimmer sind das, schöne, aber ich ging nicht zu ihnen. Hier fühle ich mich wohl. Die Kinder sagen, daß ich sie mit meiner Ruine vor den Leuten beschäme, aber das ist nicht richtig. Der Mensch schämt sich mit seiner Seele, aber meine Seele habe ich gesund und stark erhalten, ich habe in sie nichts Schlechtes und Schändliches hineingelassen.
Meine Sippe ist eine Sattlerfamilie seit alters her, ich habe die Sattlerwerkstatt auch den Urenkeln übergeben, obwohl sie nicht von ihnen genutzt wird. Und wenn ich mal nach drüben gehe, sie zu sehen, sagt der große Sohn immer zu mir:

»Hör auf, so starrköpfig mit dieser Ruine zu sein, Vater. Komm hierher und laß es dir gutgehen.«
»Ich bin nicht starrköpfig, Junge, ich bin kein starrköpfiger Mensch, ich fühle mich dort wohl.«
»Du bist starrsinnig«, sagt er, »und machst uns große Sorgen.«
Da ärgere ich mich und gehe gradewegs in den Garten. Hier schaue ich mich um, da vergeht der Ärger.
Unser Dorf liegt am Ende der Welt, aber es ist schön in Ordnung. Von den Höhen gegenüber bläst der weiße Wind, geht durch die Menschen und nimmt das Kranke mit. Er duldet nur nicht die Schlechtigkeit bei den Menschen. Über Schlechtigkeit wird er zornig, dann fegt er mit Regengüssen hinab und warnt die Menschen, sie sollen achtgeben.
Aber sonst ist er sanft. Vor Zeiten hat die Sonne ihn losgelassen, deshalb ist seine Seele warm. Und seine Federn sind weiß wie die Blüten der Bäume. Ich lasse ihn durch mein Fenster ins Haus, dort spielt er, und ich rede mit ihm. Schlau ist dieser verflixte Wind. Wenn ich mit ihm streite, pfeift er in den Winkeln und bläst eine feine Flöte, das Ohr wird einem von innen warm, man glaubt, er habe beim allergrößten Meister flöten gelernt.
Meine Kinder kommen herbei und wiederholen immer ein und dasselbe. »Was ist, Vater, immer bist du starrköpfig und sitzt alleine, sieh, wie weit es mit dir gekommen ist, du redest schon mit dem Wind.«
»Warum soll ich denn nicht, ich rede über alte Dinge mit ihm, er kennt sie.«
»Dich wird die Einsamkeit packen«, sagen sie.
»Was denn für eine Einsamkeit? Soviel Lebendiges ist um mich herum, der Wind, der Garten, die Sonne, könnt ihr denn nicht sehen?«
»Laß diese Dinge, du mußt Menschen um dich haben!«
»Aber mein Haus und meine Seele sind voller Menschen.«

»Was denn für Menschen, bist du schon verrückt geworden?«
»Wieso was für Menschen? Die Mutter meldet sich aus den Schränken, mein Vater kommt vom Dachboden, meine Alte lärmt im Kanonenofen, und der Himmel scheint durchs Fenster ... Und in diesen Wänden ist meine Jugend geblieben, auch meine Kraft ist in ihnen geblieben! Mich besuchen so viele Stimmen und wärmen mir die Seele, seid ihr taub oder ohne Verstand geboren!«
Eines Tages hörte ich Krach auf der Gasse.
Sie schaffen eine Matratze ran, die mir als Bett dienen soll. Meins besteht aus selbstgefertigten Matratzen auf dem Dielenfußboden, und mit einer dicken Wolldecke habe ich es bedeckt. Wenn ich mich hinlege, fühle ich mich wohl, und durch das Fenster schauen alle Sterne. Sie leuchten und klingen für mich.
Auch ein Maschinchen brachten sie mit aus ihrem Maschinenpark.
»Das ist ein elektrischer Kocher«, sagten sie, »damit kannst du dir den Kaffee schneller kochen.«
»Aber ich habe es doch nicht eilig, ich habe Zeit genug, störe ich denn jemanden?«
»Du störst nicht, aber so ist es bequemer.«
Und einen Draht nagelten sie an die Decke, legten Strom rein, er soll mir leuchten.
»Ich will nicht, diese Dinge sind für euch, mir geht es gut, auch ohne sie, so bin ich es gewohnt seit meiner Kindheit, und der Mensch trägt das Kind in sich, auch wenn er wie ich hundert Jahre alt wird und mehr.«
Sie haben überall in den Häusern Strom und solche Maschinen, damit sie mit ihnen die Welt betrachten.
»Ich brauche so was nicht, ich bin ein Mensch als Pilger unterwegs zum Himmel. Warum muß ich auf dem Buckel auch noch eine Stahlmatratze und einen Elektrokocher mit-

schleppen, das macht mir nur Arbeit und belastet mich. Ohne all das werde ich fliegen, wie die Mutter mich geboren hat, nackt, ich will einfach nicht.«
»Nimm«, sagen sie, »laß wenigstens den Strom leuchten, damit du nicht im Dunkeln sitzt.«
»Für mich leuchtet am Tage die Sonne, am Abend die Sterne und der Mond, gibt es hellere Lichter? Und meine Seele ist nicht finster, wieviel Augen und Sterne sind in ihr, es wird noch ein Leben lang nicht dunkel sein, wenn ich weiter lebe. Ich zünde die Petroleumlampe an, wenn mich jemand besucht, damit er keine Angst hat vor den Schatten in den Ekken.«
Und sie wieder:
»Von welchem Himmel redest du denn, in den du fliegen wirst? Ist dir die Einsamkeit nicht bekommen, bist du verrückt geworden?«
»Ihr seid verrückt geworden!«
Gerade als ein Regenbogen nach dem Regen aufgegangen war, kam eines Tages der kleine Junge.
Früher, wenn der Regenbogen am Himmel aufging, schauten wir ihn alle an, um zu sehen, was er bringen würde. Der eine sah eine Kuh, der andere ein Pferd, ein anderer ein Kind. Was jeder erkennen konnte, brachte ihm das Schicksal ins Haus.
»Was machst du, Vater?«
»Ich betrachte den Regenbogen, bald werde auch ich über einen goldenen Läufer gehen und auf ihm wieder herunterkommen, wenn ich die Erde von nahem sehen will.«
»Aber wenn er dich nicht ruft?«
»Wenn die Erde mich gerufen hat, wird mich auch der Himmel rufen. Wenn das Leben beginnt, hat es zwei Enden, zuerst gehst du auf dem einen, auf der Erde, das wird dich zum anderen führen, dem Himmel.«
»Und was machst du im Himmel?«

»Wieso was? Man wird mich auf jene zottigen Locken setzen, die weißen kleinen Wolken, ich werde die Welt von hochoben zusammen mit dem Mond betrachten, ich werde Licht zur Erde schicken, werde die Mädchen anschauen und mir den Bart streichen.«
»Die Mädchen willst du anschauen, ja?«
»Ich werde doch nicht meine Augen zumachen! Der Himmel wird mir den stärksten Adler geben, ich werde ihn auf die Erde schicken, um mir die schönsten zu holen.«
»Was willst du denn mit ihnen?«
»Wieso? Ich habe auf Erden fünfzig Menschen in die Welt gesetzt, ich werde im Himmel noch einmal soviel haben, die auf den weichen Wölkchen wandeln, die Sterne als Halsketten auffädeln, im Mondschein baden und niemals alt werden!«
»Und dann?«
»Dann lasse ich jene zottigen Schäfchen, die Wolken, runter, damit es Regen auf der Erde gibt, damit Brot wächst.«
»Paß auf, daß du sie nicht zerreißt.«
»Mir hat sich die Erde nicht widersetzt, als ich soviel Armut erlebt habe, da wird sich doch der Himmel, der voll ist mit Licht und Reichtum, deinem Vater nicht widersetzen, keine Angst!«
»Und dann?«
»Was dann? Dann werde ich jeden Abend mit meinem Stern über dem Dorf aufgehen. Genau hier, über der Gasse werde ich stehen, damit ihr mich durch die Fenster seht. Ich werde euch leuchten und euch den Weg im Dunkeln zeigen, damit ihr mich nicht vergeßt, wie auch meine Mutter und mein Vater mir leuchteten.«
»Das heißt also, du hast einen Stern am Himmel?«
»Ich habe, und jeder hat seinen Stern. Siehst du nicht die vielen Sterne?«
»Gibt es auch jemanden ohne Stern?«

»Wer auf Erden gut war, hat einen. Und je besser er war, desto heller leuchtet sein Stern, damit er den Menschen den Weg weist. Wer aber nicht gut war, der wird heimatlos umherirren. Das ist genauso wie hier, mein Junge.«
»Du bist verrückt geworden, Vater, wir haben dich mit deinem Starrsinn allein gelassen, wir haben dem Dorf Schande bereitet.«
Er schlug die Tür zu und ging.
Nach einiger Zeit kamen auch die anderen.
»Sag mal die Wahrheit, Vater, bist du nicht mehr ganz richtig im Kopf, oder bist du auf dem Wege, verrückt zu werden?«
»Nichts davon. Ihr seid große, erwachsene Menschen, habt selber Kinder und redet dummes Zeug.«
»Nein, du sollst die Wahrheit sagen.«
»Ich sage sie euch doch, mein Kopf ist in Ordnung, er arbeitet noch gut.«
»Aber wieso willst du dann in den Himmel fliegen, die Mädchen betrachten und dich in einen Stern stecken, die Welt beleuchten, ist es so?«
»Ja, das ist wahr. Ja, warum soll ich denn nicht in den Himmel gehen, ich bin doch schon als Reisender auf dem Wege. Euch erwartet dasselbe.«
»Und was sonst wirst du im Himmel machen?«
»Wir zwirbeln die Bärte und regieren die Welt!«
»Aber Vater, wir fragen dich zum letzten Mal, sag jetzt, aber ohne Lügen, bist du verrückt geworden?«
»Ich habe Spaß gemacht . . .«
»Laß die Scherze, wir verstehen ja auch Spaß, aber daß du in den Himmel steigen und dort regieren willst, das ist kein Spaß mehr, das ist eine klare Verrücktheit.«
»Gut, ich bin verrückt geworden! Aber laßt mich jetzt endlich in Frieden.«
»Seit wann denn, seit vorigem Jahr?«
»Ja, seit einem Jahr.«

»Und ein ganzes Jahr sagst du nichts! Also deshalb willst du nicht im Bett schlafen, keinen Elektrokocher und keinen elektrischen Strom haben.«
»Schert euch weg!«
Sie gingen nacheinander hinaus, aber ich hörte, daß sie unter dem Fenster lauschten.
Meine Güte, sage ich mir, da zeugt man sie, da zieht man sie groß von einem Fetzen Fleisch, und sie verstehen nichts davon, was man sagt. Habe ich denn Dummköpfe... Und ich begann zu singen. Wenn sich mir das Herz zusammenzieht, helfen nur Lieder. Ich sang ein Lied, aber auf einmal bemerkte ich, daß sie durch das Fenster schauten. Ich begriff, sie verstehen mich überhaupt nicht, und ich sang noch einige Lieder, denn wenn sie mich schon beschimpfen, dann sollen sie auch einen Grund haben.
O Gott, was für Menschen! Sie verstehen nichts mehr von alten Bräuchen. Und wundern sich, weil ich mit dem Wind gesprochen habe. Sie können nur noch mit den Maschinen arbeiten. Wir haben damals verstanden zu arbeiten, aber auch zu erzählen... Da kommt jemand zu einem ins Haus, ein Gast, ein Verwandter, du schürst die Glut im Ofen, stellst den Kaffeetopf darauf, rührst siebenmal den Kaffee um, für jeden Tag in der Woche einmal, damit sich das Böse sammelt und wegfließt, damit er mit Schaum kocht, damit er Blasen bildet, auch etwas zur Bewirtung holst du, setzt dich nieder, nimmst die Broienitza (Zählschnur), beginnst das Gespräch mit einigen Scherzen, damit die Kälte verfliegt und sich das Herz des Gastes öffnet, nach diesen Riten kann das Gespräch beginnen. Es bringt die Menschen zusammen, deshalb ist es so wichtig... Am anderen Tag war wieder der Krach in der Gasse zu hören.
Sie kamen erneut.
Die Türen quietschten in den Angeln, aber ich schaute vor mich hin.

»Vater, Vater, hörst du, Vater, weißt du, wer du bist?«
»Ich bin es, Dimiter, der vom Himmel Vergessene, euer Vater bin ich noch immer. Was wollt ihr?«
»Weißt du noch, was du uns gestern erzählt hast?«
»Ja. Na und?«
»Sag jetzt mal, Vater, wie wirst du die Welt von deinem Himmel aus regieren, die Sache ist nicht ganz klar.«
Der Kleine schaut mich an, versteckt sich, aber ich sehe, daß er mich ängstlich betrachtet.
»Du weißt, wieviel Kriege es auf der Erde gab, wieviel Blut zu meiner Zeit vergossen wurde und noch immer vergossen wird. Das ist das Schlimmste. Wenn der Himmel mich aufnimmt und mir den stärksten Adler gibt...«
»Den, der dir die Mädchen zuführt?«
»... Eben den! Ich werde ihn schicken, mir auch die Leute zu bringen, die andere totschlagen.«
»Was willst du mit ihnen?«
»Sie sollen vom Himmel aus sehen, was sie getan haben, weil ihre Schlechtigkeit sie hindert, es aus der Nähe zu sehen. Wenn sie es von weitem sehen, werden ihnen die Augen aufgehen. Dem Menschen öffnen sich nur aus der Entfernung die Augen. Ich habe mein ganzes Leben lang gebrochene Beine und Arme gerichtet, damit die Menschen Kraft zum Arbeiten haben, die Kinder zu gebären, damit man sich im Guten an sie erinnert, warum sollen sie sich totschlagen, ist das der Sinn ihres Lebens? Wieviel Schläge habe ich erduldet und wofür? Der Mensch wird abgestumpft dadurch. Und es gibt Menschen, die so abgestumpft sind, daß sie zu Stein werden. Einem solchen Menschen tut nichts mehr leid, und wem nichts mehr leid tut, der kann auch nicht fröhlich sein. Solche verderben nur die Welt!«
»Und was wirst du mit diesen Menschen machen?«
»Ich werde ihnen die Augen öffnen.«
»Und wenn es nicht geht?«

»Das ist auch möglich. Wenn sie gar nicht die Augen aufmachen wollen, dann werde ich sie in Steine verwandeln, damit sie nichts Böses tun können. Ich werde mit Hilfe der himmlischen Kraft erst ein Dorf mit Steinen machen, dann ein zweites, ein drittes ... Sollen sie doch allein hocken, weit weg von den anderen, und nur die Schlangen werden auf ihnen kriechen. Dann werden wir sehen, ob noch jemand einem anderen weh tut! Dem Menschen ist die Seele zum Guten gegeben, daß er sie hütet, daß er sie hoch und weit führt, ist das nicht so?«

»Das ist wohl richtig. Aber woher, Vater, hast du gelernt, die Menschen zu heilen?«

»Seinerzeit war hier eine wilde Gegend. Nicht nur, daß es keine Ärzte gab, es kam auch selten mal ein fremder Mensch zu uns. Einmal kam ein Fremder vorbei. Meinen Vater hatten Räuber überfallen, hatten ihm die Rippen gebrochen, da riefen wir den Fremden, ihn sich anzusehen. Er kam und heilte ihn. Da führte ich ihn zu allen Kranken, damit er sie behandeln konnte, und ehe er weiterzog, lehrte er mich das Heilen. Immer habe ich mich bemüht, den Menschen Gutes zu tun.«

»Aber haben sie es dir mit Gutem vergolten?«

»Ach, ich habe keine Dankbarkeit erwartet, ich habe ihnen geholfen. Aber einmal schlug mich einer mit derselben Hand, die ich ihm geheilt hatte. Dort hinten in der Schlucht am Bach war sein Haus, ihr erinnert euch nicht mehr an ihn. Meine Augen waren dick geschwollen, aber ich sagte einfach nichts, seitdem war er Luft für mich. Und nach zwanzig Jahren besann er sich und kam, um Verzeihung zu bitten.«

»Hast du ihm verziehen?«

»Warum sollte ich ihm nicht verzeihen, wenn er zu mir kam?«

»Meistens verzeiht man heute nicht.«

»Nur wer keine Seele hat, kann nicht verzeihen, wenn er sieht, daß der Mensch sich bessern will. Allen hab' ich verziehen, wie man auch mir verziehen hat, wenn ich geirrt hatte ... Daran erkennt man die Gerechtigkeit, wir sind nicht größer als sie.«
»Und was geschah dann?«
»Nichts. Als er starb, habe ich ihn zum Friedhof begleitet. Jetzt warte auch ich darauf zu gehen. Siehst du ihn, dort silbern am Himmel, er wird mich leicht wie ein Federchen einlassen. Und dort ist es voll von Verwandten, es ist jemand da, der mich empfängt, keine Angst.«
»Vater, denkst du nur daran?«
»Was soll ich denn denken, man wird mich heimholen, es wird auch meine Stunde kommen, ich erwarte sie.«
»Aber warum denkst du nicht an etwas anderes?«
»Was denn anderes. Der Mensch denkt an das, was er war, und an das, was aus ihm wird. Ich habe durchdacht, was ich war. Jetzt denke ich darüber nach, was mit mir sein wird. Wenn man nicht vorausdenkt, ist es, als sei man blind.«
»Hast du denn keine Angst, Vater, in den Himmel zu fliegen?«
»Das ist doch nicht schlimm.«
»Was ist denn schlimm?«
»Einmal hat mich wirklich Angst gepackt.«
»Wo?«
»Am Zaun.«
»An was für einem Zaun denn, Vater?«
»In der Kaserne bei Podujane. Weißt du, wo Podujane ist?«
»Ja, und?«
»Dort war achtundzwanzig ein Holzzaun. An ihm stand ich eines Abends Posten. An dem Zaun fehlen einige Latten, wenn du hingehst, um es zu sehen, sollst du wissen, daß ich sie weggenommen habe.«
»Was?«

»Dort hat sich meine Seele verdreht, und ich glaubte, daß ich nie mehr ins Dorf zurückkehren würde. Ich wollte einerseits zurückkehren und andererseits nicht. Und da packte mich die Angst, eine große Angst! Ich sagte mir, meine Welt ist gespalten! Es kann so und so kommen. Ich wurde hundertmal schweißnaß, aber es war eine schreckliche Kälte, und die Nacht war schwarz wie das Auge eines Menschen. Auf einmal kam ich zu mir. Ich sagte mir, Dimiter, was ist die Welt überhaupt? Ist sie nicht das, was du selbst gemacht hast, die Menschen, die du gezeugt hast, die auf dich warten und dich begleiteten? Und wenn der Himmel den Menschen zu sich holt, wird er wieder mit dem Stern direkt über seiner Welt stehen. Der Mensch kann sich von seiner Welt nicht abspalten, von dem Ort, wo er geboren ist, wie er sich nicht von seinem Vater und seiner Mutter abspalten kann ... Mann, was wäre damals für ein Unheil geschehen, wenn mein Verstand ausgesetzt hätte!«

»Und dann?«

»Ich überwand die Angst! Eine solche Angst kann jeden überfallen und in die Seele eindringen, um zu prüfen, wie groß ihre Kraft ist. Aber man kann sie auch überwinden. Hat man sie überwunden, braucht man vor nichts mehr Angst zu haben.«

»Mann, Vater, du kannst einen um den Verstand bringen mit deinen Sprüchen!«

»Paß auf, daß nicht auch du verrückt wirst!«

»Ach, Vater, ich weiß nicht, was ich dir sagen soll, aber mach es langsam, wir sind bei dir... Eile nicht so mit dem Himmel.«

»Ich eile ja nicht, Junge, aber wenn ich nach oben gehe, ist das nicht schrecklich. Und erinnere dich an das, worüber wir gesprochen haben, schau nach oben. Ich werde dort sein, werde dich sehen und werde mit der schnellsten Wolke kommen. Ich werde dich auf dem Regenbogen zu einem Stern führen, du wirst dich schmücken und niemals alt werden!«

Ob meine Kinder mich verstanden haben, weiß ich nicht. Sie lassen mich in Ruhe, nicht wie vorher, und bringen mir ihre Maschinen nicht mehr ins Haus. Sie verhalten sich ruhig.
Und ich warte.
Ich habe begonnen, meine Jahre von neuem zu zählen.
Es ist schon klar, daß ich noch ein Leben auf Erden durchstehen muß.

Der Himmel von Dimiter breitet sich ringsum klar und durchsichtig aus, spiegelt sich völlig im Fluß, und oben, am obersten Gipfel, spreizt er abends seine roten Federn über alten Ruinen. Dort haben vor langer Zeit vierzig Schönheiten gelebt. Dieser Himmel erinnert sich an sie. Man weiß nicht, woher, aber es kam eine schreckliche Krankheit, die Pest, und tötete die Schönen, kurz bevor sie ihre Verlobten jenseits des Hanges heiraten konnten. Nur eine von ihnen ward wie durch ein Wunder gerettet, ließ sich weiter unten nieder, und aus ihrem Geschlecht war Assens Frau

Magdalina

Ich gehörte zu jenen, deren Arbeit es war, sich um die Schafe zu kümmern. Ich konnte nur zählen und ein wenig städtisch reden, weil ich mich mit den Händlern aus der Stadt auseinandersetzen mußte. Von Worten verstand ich nichts, doch seit ich Magdalina verlor, kamen mir die Worte wie von selbst.

Anfangs kamen sie, setzten sich mir gegenüber und sahen mich an. Sobald sich die Erde beginnt zu verstecken und der Sonnenuntergang sich zeigt, bewegen sich diese Worte, umkreisen mich, suchen sich selbst ihre Wege, drängen sich direkt in mein Herz und steigen mir von dort auf die Zunge.

Ergießt der Sonnenuntergang mir gegenüber seine Strahlen, taucht in ihnen Magdalina auf, steigt von den Blättern des Nußbaumes, kommt direkt hierher, und diese verdammten Worte beginnen von selbst aus mir zu rieseln.

Sie sammelt sie in ihrem Korb, den ich ihr aus Ksanti mitgebracht hatte, ordnet sie wie Eier und trägt sie geradewegs in den Himmel. Wozu braucht sie sie? Vielleicht häuft sie sie dort auf, um ein Haus aus ihnen zu bauen, wie unser Haus hier, mit den gleichen Gartenblumen. Wird sie mich darin empfangen? Oder will sie einen Springbrunnen machen, so

einen, wie ich ihn ihr damals versprochen hatte ... Oder ein Meer, um mich in ihm zu ertränken, weil ich sie betrogen habe ...
Sie kommt runter, kommt runter, geht direkt auf mich zu ...
Zum ersten Mal habe ich sie dort oben an der Quelle bei den Haselnüssen so gesehen ... Mit dem schwarzen Trägerrock, bestickt am Saum mit Metallfäden und roten Besatzschnüren, mit der weißen Bluse und dem roten Kopftuch, das fest ihre Zöpfe verbirgt. Ihre Schuhe hatte ich ihr vom Jahrmarkt in Dedeagatsch mitgebracht ...
Sie kommt in die Sonne, deshalb bin ich immer hier.
Man wundert sich über mich, weil ich früher nicht so war. Man erzählt, daß ich jetzt verstummt und taub geworden sei, denn wenn jemand kommt, sage ich immer, daß mein Herz krank ist. Sie wissen nicht, daß mir diese Worte zu schaffen machen. Eine heikle Sache ist das. Wenn sie einen erwischt, ähnelt man einem Stein.
Damals, als wir uns begegneten, gefielen wir uns. Aber mein Vater war dagegen. In jenen Zeiten war es so, wenn man kein Geld für eine Hochzeit hatte, entführte man das Mädchen.
Und diese Nacht war dunkel und neblig, wie geschaffen für eine Entführung. Wir gingen hin. Während mein Vater die Nachbarstochter für mich raubte, entführte ich Magdalina. Erst bei uns zu Hause erkannte mein Vater, was ich getan hatte, aber er sagte nichts. Vor Magdalinas Schönheit konnten sowohl er als auch die andere nichts sagen. So blieben beide.
Ich weiß nicht, wie sie sich vertrugen. Sie arbeiteten im Haus, auf den Feldern, und als das erste Kind der anderen geboren wurde, half Magdalina ihr.
Wenn ich mit der einen zusammensein wollte, hängte ich meinen Gürtel an ihr Fenster, wenn ich mit der anderen sein wollte, ans andere.
Zuerst hatte ich Gewissensbisse, dann nicht mehr.
So lief das Leben.

An Sonntagen, wenn alles im Haus gewaschen und gereinigt wurde, wusch sich auch Magdalina, und sie ging hierher in die Sonne, um sich das Haar zu kämmen. Dort, auf dem hölzernen Hocker saß sie... Was für ein Haar, bis zu den Fersen üppig und golden, man könnte sagen, es quoll aus dem Sonnenuntergang hervor. Und sie selber, schlank, groß, alles an ihr wohlgerundet. Ihre Arme gut geformt, und ihre Schultern – wie Monde... Die Nachbarinnen lugten hinter den Zäunen, sie zu sehen, irgendeinen Fehler an ihr zu entdecken. Sie flocht diese Haare, band sie fest mit dem Kopftuch, damit ihre Fülle die Erde nicht überschwemmte, und bevor sie ins Haus ging, betrachtete sie die Kräuter, die Gräser, pflückte zwei, drei der Gartenblumen ab, gab sie ins Wasser und stellte sie auf den Tisch... Alle wunderten sich über sie, wie aus einer anderen Welt war sie... Aber mein Verstand war damals klein wie ein Kügelchen Schafmist. Ich ging nach unten zum Meer, um die Schafe zu verkaufen. Der Handel lief gut, es füllte sich meine Hemdbrust mit Geld, und das Schafmistkügelchen verschwand vollends. Mein Auge begann nach anderen Frauen Ausschau zu halten.
Seltener ging ich heim ins Dorf.
Wenn ich kam, sah mich Magdalina nachdenklich an. Aber wer achtete schon auf sie. Ich brachte allen Geschenke, auch für Magdalina hatte ich welche, sie sah sie aber gar nicht an. Mein Vater schnaufte. Meine Mutter meinte des öfteren, daß Magdalina schlecht aussehe. Aber ich sagte mir, alles haben sie, Magdalina lebt wie eine Kaiserin an einem sicheren Ort. Und ich führte ein Leben wie ein Maharadscha.
Da kam ich wieder einmal ins Dorf heim. Ich hatte mich geschmückt. Ich pfiff auf dem Pferd, Magdalina brachte ich eine Bernsteinkette mit. Als ich mich näherte, zuckte mein linkes Auge. Das bringt Unglück.
Ich trat ins Haus und sah sie, tot, bereit für das Begräbnis, heißer Schweiß trat mir auf die Stirn.

»Ich bringe die Schuldigen um! Ihretwegen töte ich, töte ich!!!«
»Wenn jemand umzubringen ist, dann bist du es! Warst du taub, warst du blind, du warst in ihrem Herzen!« sagte die andere Frau zu mir, und diese Worte behielt ich das ganze Leben im Gedächtnis.
Wir begruben sie.
Drei Tage saß ich an ihrem Grab. Ich wartete darauf, daß sie aufsteht, daß sie mir zuruft, daß ich die Erde aufgrabe, daß ich sie nach Hause bringe.
Es war schrecklich.
Auf meinem Magen brannte es ein Jahr lang wie Kohle, und es brennt immer noch unter der Asche ...
Später erfuhr ich, wie es geschehen war.
Sie saß am Abend auf dem Hocker, den ich ihr mit einem schiefen Bein gezimmert hatte, öffnete die Tür und schaute nach dem Weg. Mein Vater streckte die Hand aus, die Tür zu schließen.
»Schließ sie nicht, Vater, Assen wird noch kommen, heute Abend muß er kommen«, sprach sie.
Der Alte rauchte seinen Tabak und legte sich dann schlafen. Und niemand hörte etwas. Am anderen Morgen fand man sie, angezogen mit Stadtkleidern, die ich ihr mitgebracht hatte. Sie war tot. Seit damals lege ich mich jeden Abend nieder, schließe meine Augen und denke, man müßte die Augen schließen und sie nicht mehr aufmachen. Man müßte ohnmächtig werden und sterben, eine Qual ...
Meine Mutter stellte am nächsten Tag das Haus auf den Kopf, sie hatte angeblich geträumt, angeblich gehört, daß irgendwo ein giftiges Kraut kochte und Magdalina es getrunken hätte. Aber man fand nichts.
Magdalina war eine Schönheit, sie starb, wurde kalt. Doch jetzt, wenn sie aus dem Sonnenuntergang kommt, ist sie dieselbe. Ihr Antlitz ist wie eine halbreife Brombeere. Ihre

Arme sind wie Brunnenrohre, und nur reines und kühles Wasser fließt daraus. Und ihre Augen, ihre Augen sind wie Bernstein, lebende Zählschnüre aus reinem Bernstein, aus der tiefsten Erdentiefe geborgen. Wenn sie mir entgegenstrahlen, blenden sie mich wie Gold.

Du warst da, Magdalina, du warst da! Von den anderen hab' ich nichts in Erinnerung behalten. Kraft war in dir, Kraft für hundert Frauen! Ich schaute mich später um, schaute, eine andere zu sehen wie dich, aber ich habe keine gefunden. Ich habe meinen Kindern aufgetragen, meine Gebeine bei dir zu begraben.

Es kamen vor einigen Jahren gelehrte Leute hierher. Sie gruben die Erde aus, um Spuren von vergangenem Leben zu suchen. Sie fanden alte Gräber, holten Knochen heraus.

Es fragte mich der Leiter nach den Ruinen oben in der Schlucht, er fragte mich, ob es wahr sei, daß ich zwei Frauen gehabt hätte, daß die eine schön wie von einer anderen Welt gewesen sei. Ich habe ihm nichts erzählt. Denn mir kam etwas anderes in den Sinn. Einmal können vielleicht wieder Leute kommen und die Erde aufgraben, könnten Magdalinas Knochen finden. Aber wie können sie erkennen, wie schön sie einst war?

Wenn ich sterbe, wird sich keiner mehr erinnern. Die Kinder sind herangewachsen, sie leben verstreut in der Stadt, dies ist nicht wichtig für sie. Trauer überfiel mich. Später fand ich dagegen ein Mittel. In der Sonne. Sobald Magdalina aus dem Sonnenuntergang auf die Erde kam, wurde mir leichter ...

»Sei gegrüßt, Magdalina, wieder ist eine Sonne untergegangen, nur noch wenige Sonnenuntergänge bleiben mir, du mußt wissen, wieviel es sind?«

Sie schweigt, wenn ich sie frage, schaut durch mich hindurch. »Die hohen Grundmauern dort unten sind für eine Brücke gebaut, damit die Leute darüber mit ihren Wagen fahren können. Jetzt hat sich die Welt verändert, Magdalina, im

Dorf gibt es keine wackeligen Häuser mehr. Neue Häuser haben sie gebaut, für die Stadtleute, damit sie sich dort erholen können. Und aus unserer Zeit bin nur ich geblieben. Ich höre, in ihren Häusern haben sie Maschinen, Televisia nennen sie sie, da können sie sehen, was sie wollen. Ich schaue mir hier die Gartenblumen an. Ich habe deine Blumen gehütet, mach dir um sie keine Sorgen.«
Sie kommt näher und schaut ins Haus. Ich weiß, sie sucht ihren Hocker.
»Hier ist er, setz dich, setz dich«, deute ich mit dem Stock und zeige ihn ihr durchs Fenster. »Ich wische den Staub vom Hocker, niemand anders darf ihn benutzen, hier ist er, setz dich, oder willst du lieber etwas auf der Erde sitzen?«
Früher, wenn sie auf dem Hocker saß, streckte ich die Hand aus, um sie zu berühren. Aber sooft ich auch die Hand ausstreckte, stets wandte sie sich ab. Da griff ich zu einer List. Ich streckte die Hand nicht mehr aus, weil ich wußte, daß das Leben uns trennt. Meine, die lebendige Hand, ist anders, wenn ich sie ausstrecke, zerwirbelt die Luft und verdrängt den feinen Schatten der Ewigkeit. Lange Zeit dauert es danach, bis die Luft erneut ihren Platz findet und sich klärt. Und seitdem schaue ich sie nur an. Ich lasse meinen Stock stehen, damit sie nicht denkt, ich könne sie damit erreichen.
Und sie bleibt.
Wenn ich in den Himmel hinaufsteige, werde ich dir ein Haus bauen, Magdalina, mit einem Garten und einem Springbrunnen, mit Fenstern aus dem reinsten Glas, und wenn dann der Garten erblüht, kannst du ihn durch sie hindurch betrachten, und Wege werde ich auf allen Seiten anlegen, damit es dich erinnert an uns hier, wo wir geboren sind. Und von der Erde sollen die Lerchen kommen, um vom Wasser des Springbrunnens zu trinken, so schön werde ich ihn machen. Und Kinder, lauter Mädchen werden wir

haben, damit deine Schönheit in ihnen weiterlebt, denn man darf eine solche Schönheit weder auf der Erde noch im Himmel auslöschen. Wenn ich in den Himmel aufsteige, werde ich alles durchsuchen und werde dich wiederfinden, keine Sorge...
Wenn ich so zu ihr rede, nimmt die Sonne ihr das Kopftuch ab, nimmt sie bei den Haaren und zieht sie nach oben, um sie wegzutragen. Nur goldene Leuchtkäfer bleiben zurück, ich warte, bis auch der letzte erloschen ist, dann gehe ich ins Haus.
Ich schüre den Ofen und koche die Kartoffeln. Erst wasche ich sie, dann schneide ich sie in Scheiben, wie Magdalina sie immer gekocht hat, und gebe eine Prise Salz in das kochende Wasser, so werden sie am schönsten.
Ich setze mich an den Tisch zum Abendessen. Danach wasche ich das Geschirr, wische den Tisch ab, damit er rein ist. Ich ziehe meine Hausschuhe aus nehme das Kopfkissen, das sie gemacht hat. Es ist mit Stroh gefüllt und raschelt. Ich schalte die Lampe aus, setze mich hin und rauche meinen Tabak.
Durch das Fenster sieht man alles, die Haselbüsche auf den Hängen am Flußtal sind schwarz, die Steine auf dem Weg leuchten.
Vor mir geht der Abendstern auf, und ich frage mich, wie viele Menschen gibt es in dieser Stunde, die den Abendstern durch ihr Fenster betrachten. Wenn auf dieser Welt tausend und abertausend Menschen leben, heißt das, es gibt auch andere wie mich. Auch sie haben etwas verloren, sei es eine Frau, sei es ein Kind, ein Freund, Gefährte, Kameraden, und alle diese verlorenen Menschen sind in demselben Himmel, wo auch meine Magdalina ist. Der Erdball ist zu klein für die Seelen. Sicher sieht auch Magdalina mich jetzt von oben an. Und sie wartet, daß ich mich hinlege, damit auch sie zur Ruhe gehen kann...

Ich habe mir nochmals meinen Tabak angesteckt, durchdenke alles. Wieder.
Dann lege ich mich hin.
Tagsüber gehe ich durchs Haus. Und wieder warte ich auf den Sonnenuntergang.
Kommt er, gehe ich hinaus in die Sonne.
Beginnt der Schatten des Nußbaums zu wachsen, reibe ich mir die Augen, starre erwartungsvoll nach Westen. Wenn ich direkt in die Sonne schaue, nach drüben, zu den Haselbüschen, kommt daraus Magdalina, kommt aus den Sonnenstrahlen herbei. Sie kommt, kommt ... Sie wird mich mitnehmen. Die längste Zeit habe ich darauf gewartet. Ich weiß, wenn sie mich wegführen sollte, wird sie sich die Haare schütteln, der Sonnenuntergang wird verblassen, und sie wird mich rufen!
Das Weitere ist leicht, ich werde nach oben gehen ihrer Stimme nach, immer ihrer Stimme nach.

Manchmal wird es über den Bergen dunkel. Und wenn es tagsüber dunkel wird, wenn sich dichte Wolken über der Schlucht sammeln und es Nebel gibt, erkennt Assen dennoch die Augen seiner Frau, selbst wenn sich über dem Tal der dichteste Nebel senkt,

Der Nebel um Sofia

Ich war eingeschlummert, aber da stieß mich die Ziege, klopf, klopf, mit ihren Hörnern, sie wollte hinaus.
Und ich träumte von einem blauen Weg, blau, blau wie eine Kornblume.
Warte doch, he Ziege, warte. Nein! Verdammte Ziege! Auch sie ist so alt wie ich, wir sind im gleichen Alter, oder bin ich zweimal so alt, ich habe es vergessen, aber soviel Jahre ich als Mensch auf dem Buckel habe, so alt ist sie als Ziege.
Wir traten vor das Haus, und die Ziege stößt, als sei ein Fremder da. He Ziege, wer wird schon kommen, wir wurden doch selbst von den Toten vergessen.
Auf einmal sehe ich, aus dem Nebel kommt jemand auf uns zu. Eine Frau ist es, und sie hat Beine und Augen, und sie lacht. Sie sagt:
»Großmutter, wer bist du?«
»Ich bin ich, mein Mädchen, aber du, wie bist du denn so aus dem Nebel entsprungen?«
»Bist du Großmutter Sofia?«
Ich nahm sie bei der Hand, sie war lebendig.
»Was willst du, wenn ich es bin? Wer bist du denn, und wie hast du den Nebel durchdrungen?«
»Was für einen Nebel«, sagt sie, »die Sonne scheint, siehst du es nicht?«
»Ich sehe, ich sehe, daß die Sonne scheint, noch erkenne ich sie. Aber ich habe von meinem Nebel gesprochen. Für mich

ist die Welt schon Nebel, das Leben meine ich, aus dem du kommst.«
»Genau deshalb bin ich gekommen, damit du mir erzählst!« So sagte sie.
Und sie hockte sich neben einen Stein und faßte die Ziege an, die aber ihre Hörner abwandte, daß man sie nicht in die Welt fortziehen konnte. Von der Welt hat auch sie genug.
Diese Frau kam angeblich aus der Stadt, von weit her, wo die Stätten der Städte sind. Sie war hierhergekommen, um alte Geschichten von mir zu hören. Die Welt hat sich also doch nicht sehr verändert, wenn man noch alte Geschichten hören will. Und für die Geschichten bekommt sie angeblich einen Maisbrei.
Diese Frau wollte, daß ich ihr Geschichten erzähle. Aber kann sie sich denn nicht in der Stadt ihren Maisbrei verdienen und dort alte Leute finden?
Sie sagte mir, daß ich von allen die Älteste sei.
He, daß ich alt bin, sicher, ich bin alt, aber ich will ihr nicht die Arbeit verderben. Ich sagte zu ihr, es gäbe noch Ältere als mich, die dort, die im Grab liegen. Ältere als die gibt es nicht.
»Die sind doch tot«, sagte sie.
»Sicher, die sind tot. Wenn sie im Grab liegen, dann müssen sie tot sein.«
»Ich brauche Lebende, du bist von den Lebenden die Älteste.«
»Bin ich nicht, du irrst dich, und hast dir einen so weiten Weg umsonst gemacht. Ich bin auch schon gestorben, nur hat man mich noch nicht begraben. Der Nebel dreht sich um mich und läßt mich nicht los. Geh du in die Stadt, dort wirst du jemanden finden, der dir hilft, damit du nicht ohne Brot bleibst, denn es ist schlecht ohne Brot.«
Auch die Ziege fühlte, daß die Frau auf dem Holzweg war, sie zog mich an den Zöpfen, sie wollte reingehen.

Aber die Frau war hartnäckig. Wir sollten ihr von dem Nebel erzählen, seinetwegen sei sie gekommen.
Ich glaubte das nicht ganz.
»Was willst du denn mit dem Nebel, alles ist mit Wasser den Fluß hinuntergeflossen, wie soll ich es zurückbringen? Das ist vergebens! Nichts ist geblieben, was bleibt denn überhaupt auf der Welt, alles ist vorbei.«
»Nichts ist vorbei, erzähl mir alles!« sagte die Frau.
Wenn ich es ihr erzähle, wollte sie es auf Papier schreiben, das Papier sollte es bewahren. Und die Menschen, die nach mir kommen, würden es lesen, damit sie erfahren, daß ich gelebt habe, daß meine Geschichten bleiben, jemand könnte daraus lernen.
So sprach die Frau und sah mir gerade in die Augen, obwohl sie nicht mehr schön sind.
Auf dem Papier sollten auch meine trüben Augen bleiben, und meine Zöpfe, sagte sie, würde sie hineintun, es ist keine Farbe bei ihnen geblieben, sie sind rostig geworden wie Haselnüsse.
»Aber meine Liebe, du bist also wegen eines Buches gekommen, willst mich in ein Buch stecken, mich von dem Nebel befreien? Das ist nicht möglich, mein Mädchen, das geht nicht! Es kann keiner den Nebel überwinden, den der Himmel schickt!«
»Warum denn nicht?« fragte die Frau.
»Na schön, auch ich habe gehört, daß es Leute gibt, die man in Bücher gesteckt hat, und wenn du auch mich hineinsteckst, was habe ich davon? Ich werde sterben, und dann sitze ich in den Büchern. Ich werde niemals wieder die Sonne sehen, sie gibt nur der Himmel, einmal! Der Himmel hat mir meine beiden Männer genommen, die mich geheiratet haben, und alle meine Kinder, und er wird mich zu ihnen führen. Ich will nicht, daß du mich von ihnen trennst, halte mich nicht zurück!« bat ich sie, diese Frau.

»Ich halte dich nicht zurück, Großmutter, aber daß ich dich in die Bücher bringen will, das ist nichts Schlechtes.«
»Aber wenn es nichts Schlechtes ist, dann ist es auch nichts Gutes! Wenn du mich in die Bücher steckst, und wenn die anderen mich lesen, was dann? Wird davon einer besser werden? Ich habe nie gesehen, daß einer was gelesen hätte und dadurch besser geworden wäre. Auch die Popen und die Hodschas habe ich seinerzeit gesehen, sie beschäftigten sich nur mit den Büchern, aber sie sind wie wir geblieben, die wir von Büchern nichts verstehen. Einer meiner Männer konnte nach dem Buch die Geschichten erkennen, aber auch er wurde nicht besser. Und der andere war ein guter Mensch, aber auch er ging dorthin, wohin der schlechte ging. Warum also schreiben und die Menschen in ein Buch stecken, es geht sowieso alles in den Bach, dann in den Fluß!«
»Wenn ein Mensch in ein Buch kommt, wird er auf Erden nicht vergessen werden. Wir alle werden sterben, nur das Geschriebene bleibt. Warum soll es nicht bleiben, wenn es für die Menschen möglich ist?«
»Na ja, schön, möglich ist es schon, aber was hat man davon? Der Mensch geht ja dorthin, wo auch die Ziegen hingehen, und die Pferde, und die Kühe ... Hier, mit meiner Ziege werde ich an einen Platz gehen, deshalb trennen wir uns nicht. Und die, die nach uns kommen, werden genau so beschaffen sein wie wir, oder etwa anders?«
»Nein«, sagte die Frau, »sie werden vortäuschen, anders zu sein.«
»Ba, sie werden nur so tun! Der Himmel macht sie verschieden, so, wie er es will, auf ihn müssen wir hören. Er läßt sie auf die Erde, um sie zu prüfen, und wenn einer was Gutes tut, nimmt er ihn auf, und erst dann läßt er ihn glücklich im Himmel leben. Wenn er nichts Gutes tut, läßt er ihn auf einem anderen Platz auf der Erde. Es gibt Menschen, die hundert und mehr Male auf der Erde waren. Das ist ein

Karussell. Der Fluch ist in uns Menschen, und der Himmel will sehen, ob sich der Fluch von den Menschen loslösen kann. Wenn jemand mit eigener Kraft den Himmel erreichen könnte, würde er auch eine zweite Sonne machen. Hat das jemand getan? Ich weiß auch nicht, wer nach mir kommt, aber sie werden genauso sein wie wir. Warum macht nicht jemand, daß auch die Ziegen sprechen können, der Mensch hat doch die ganze Wissenschaft ausgedacht!«

Das sagte ich zu der Frau, aber dann fiel mir ein, daß sie auch eine Gelehrte sein müsse und sich vielleicht ärgerte.

Ich fand in meinem Kittel Haselnüsse, gab ihr einige zum Knacken, damit sie wußte, daß ich aus Einfalt das zu ihr gesagt hatte und nicht aus böser Absicht.

Die Frau knackte sie, gab auch mir und der Ziege, und ich fühlte, daß sie mich verstanden hatte.

Die Frau begann, das Haus zu betrachten.

Sie betrachtete es und dachte bestimmt, ich hätte das verflixte neue Haus selber eingezäunt, denn ich sagte ihr doch, daß ich weder Männer noch Kinder habe. So erzählte ich ihr dann, daß ein junger Verwandter mich aufgenommen hat. Als ich allein geblieben war, nahm er mich zu sich, damit ich in einem Haus sterbe und nicht auf dem Hügel.

Ich gab dem Jungen den Platz. Er ernährt mich auch. Wir teilen uns das Brot mit der Ziege. Wir leben mit ihr zusammen, denn wenn man allein zurückbleibt, muß man sich mit jemanden zusammentun. Vordem hatte ich eine Basilikumpflanze. Hier unter dem Fenster hatte ich sie in einem alten Topf aufgezogen. Aber der Junge hat sie zertreten, damit sie ihm nicht im Wege stand, wenn er vorbeikam. So starb mein Basilikum.

Später fand ich die Ziege. Man hatte sie in den Bachgraben geworfen. Ich nahm sie zu mir, auch die Wölfe wollten sie nicht fressen. Ich heilte ihre gebrochenen Beine. Andere Verwandte habe ich nicht.

Das Haus liegt ein bißchen höher. Unten plätschert der Bach. Weiter unten gibt es noch viele Ansiedlungen, aber ich gehe nirgends hin.
Nur vor zwei Jahren hat mich der Junge in das untere Viertel geführt, da sah ich, was sie gebaut hatten. Eine Chaussee hatten sie gemacht, eine glatte, wie Wasser, und einen großen Brunnen, und – ein Denkmal, wie es der Junge nannte, einen großen Denkmalklotz für die, die im Krieg gefallen sind.
Ich hörte einmal, daß sie schießen, es war ein großer Krach, und ich war allein, ich wußte nicht, was los war, ich blieb.
»Hast du nie daran gedacht, das alles einmal aufzugeben und irgendwo hinzugehen, Großmutter?« fragte mich die Frau.
»Wie hätte ich das nicht, ich wollte schon! Aber es war keine Zeit. Wie lang dauert schon ein Leben, ehe man sich umdreht, ist die Zeit vorbei! Das Elend folgt einem auf den Fersen, läßt einen nicht Luft holen, und ehe man sich versieht, ist die Sonne schon hinter den Bergen, und bis man sich hinlegt, blinzeln schon die Sterne ... So geht unser Leben vorüber, so schnell! Und jetzt, wohin soll ich gehen, meine Augen sind im Nebel, meine Beine tragen mich nicht mehr. Die Welt ist im Nebel, Mädchen, in Spinnweben gehüllt, und es ist Zeit, nach Hause zu gehen. Ich warte darauf, daß man mich eines Tages am Rückgrat nimmt und mich in die Erde wirft. Sieh mich an, wie häßlich ich geworden bin, und noch häßlicher werde ich werden dort im Grabe. Gut, daß der Himmel mir beizeiten meine Kinder genommen hat, damit sie sich nicht quälen. Auch sie wären häßlich geworden, wie ich. Zu der Zeit, als sie hier schossen, die Nacht unsicher war, da kam alles Böse aus den Menschen heraus, und ich sah sie, wie sie sich totschlugen. Von den Häusern gegenüber rannten die Leute nach oben auf die Berge und riefen mir zu: Lauf, lauf doch weg, sie bringen dich um! Aber wo sollte ich denn hinlaufen, und weshalb? Wenn sie einmal in Wut geraten sind, werden sie dich überall umbringen. Die Men-

schen sind verflucht, wenn in ihnen die Teufel erwachen. Und Gutes von wildgewordenen Menschen gab es nicht und wird es nicht geben!«
Die Frau stand neben dem Baum und begann auf die Berge zu schauen. Ich fragte sie:
»Wenn die Menschen ein ganzes Jahrhundert leben und noch mehr, und wenn andere und dann noch andere nach ihnen kommen und alle in die Bücher gesteckt werden, wenn dann Menschen verschwinden, werden dann nicht auch die Bücher eines Tages verschwinden? Nur die Sonne und der Mond und die Sterne werden bleiben, weil sie nicht vom Menschen gemacht wurden ... Und auch ich hatte weiße und kräftige Arme, so wie deine, wieviel Erde haben sie gegraben, und alles ist vergessen. Und meine Augen waren klar, ging der Himmel hinein, kam er klar heraus. Und meine Beine waren schnell, wenn ich lief, zitterten die Felder. Und wenn ich meine Lieder sang, reichten sie zu allen Höhen, aber meine Stimme verlor sich im Nebel. Alles hatte ich, aber es ist gerade so, als hätte ich es niemals gehabt. So ist es. Du, gute Frau, suche nicht. Ich bin nirgends hingekommen und weiß doch, daß alles ein und dasselbe ist!«
Die Frau streichelte die Ziege und sagte:
»Die Menschen sind unterschiedlich, obwohl sie auf ein und dieselbe Weise gemacht sind.«
Ich aber dachte bei mir, ob diese Frau nicht vielleicht der Himmel geschickt hatte, um zu sehen, was ich für eine sei, und ob ich für den Himmel bereit bin ...
Ich sagte zu ihr:
»Ob du eine Frau bist, ob du ein Weg bist irgendwohin, ich weiß es nicht, kenne dich nicht, aber ich sage dir, daß die Menschen unterschiedlich sind, unterschiedlich nach dem Gesicht, aber innerlich sind sie ein und dieselben. Schlecht sind wir Menschen, und viel werden wir uns noch quälen, ehe wir besser werden. Aber man kann nicht allein sein. Geh,

öffne die Erde, geh in sie hinein! Mit Gewalt kannst du hineingehen, und deine Seele wird sich weiter, noch ein Jahrhundert, auf der Erde quälen, aber das will ich nicht. Ich werde warten, bis der Himmel mich ruft, und dort, hoch neben die Sonne stellt, daß ich mich erhole. Und du, ob du eine Frau bist, ob du ein Weg bist, ob du eine andere Kraft bist, ich kenne dich nicht, aber wenn du so sehr willst, steck mich in die Bücher, tue deine Arbeit. Vielleicht liest mich doch einer und kann besser werden...«
Sie verabschiedete sich und ging.
Ich setzte mich auf den Stein.
Die Sonne sank, es kam wieder ein Abend.
Ich rief meine Ziege, wir gingen hinein. Aber wenn der blaue Weg wieder erscheint, heißt das, die Frau hat uns nicht in die Bücher getan und uns nicht von dem Nebel lösen können.
Aber wenn er nicht erscheint...
Die Bücher werden uns dann den Weg weisen.

Wenn die Sonne untergeht, kommt schnell der Abend und schluckt alles: den Bachgraben, den Fluß, das Haselgebüsch, den Nebel um Sofia.
Es bleibt nur der Weg, weiß, schimmernd. Wenn der Mond und die Sterne aufgehen, breiten die Schatten ihre feinen Schwingen aus, und aus den dunkelsten Ecken kommen hervor die

Nachtgespenster

»Stantscho, Stantscho, wo bist du, zeige dich, hörst du Mann!«
... Zum Vampir hat mich meine Frau auf meine alten Tage gemacht ...
»Warum schreist du, als wärst du vom Spieß getroffen, oder hast du ein Gespenst gesehen?«
»Warum meldest du dich nicht, he, sondern hast dich wie ein Marder verkrochen! Muß man für dich eine Pauke schlagen, oder sind dir beide Trommelfelle in den Ohren geplatzt? Hundert Jahre bist du geworden, und dein Holzkopf ist noch nicht weichgekocht!«
»Hör auf, diese Trompete zu blasen, he, wie zum Jüngsten Gericht!«
»Warum habe ich verdammter Iltis dich damals geheiratet, meine Mutter hatte recht, aber wer hörte auf sie, ein grüner Kürbis war ich.«
... Ein Kürbis warst du, und eine Melone bist du nicht geworden ...
»Sag mal, warum schreist du so?«
»Die Nachtgespenster haben mich gestört, aber du hörst mich nicht!«
»Sind sie denn eingedrungen, sag!«
»Nein, sind sie nicht, aber sie werden reinkommen, wenn du dich nicht meldest.«

»Na also, dann bleib dort liegen, und ich befehle dir, nicht zu schreien!«
»Machst du etwa Holzschüsseln im Mondschein, oder was? Die Leute werden Angst haben, etwas hineinzugeben, Dummkopf!«
»Was lasse ich mich auf Weibergeschwätz ein!«
»Warte, verdammtes Stinktier, was ich dich fragen wollte ... ach, jetzt weiß ich es wieder ... Stantscho, hast du unserem großen Sohn die gelbe, flauschige Decke gebracht, die ich ihm gemacht habe, denn seine Frau will sie haben? Ein ganzes Jahr und länger hat er sich nicht gemeldet. Was macht er denn in dieser Stadt, hätte doch wenigstens auf dem Papier eine Nachricht schicken können?«
... Ach Alte, Alte, das Alter hat dir wohl völlig das Gehirn ausgetrocknet ...
»Wir haben doch unseren Jungen zu Grabe getragen, Frau, zwanzig Jahre ist das her ... Wie kann er eine Nachricht schicken, von dort kann niemand etwas schicken. Unser Sohn ist gestorben, jung ist er von uns gegangen, war nicht mal siebzig. Wenn ich daran denke, ist mir, als ob ein Bär mir die Luft abschnürt.«
»Wann ist er gestorben! Lüge nicht! Noch gleich morgen schickst du ihm die gelbe Decke, er soll kommen, daß wir ihn sehen.«
... Du bist eine Dumme, Alte, was kümmere ich mich um deinen Verstand, wenn der Himmel ihn dir schon zu einem Zopf geflochten hat ...
»Los, sei friedlich, gib Ruhe!«
»Stantscho, aber unser Jüngster hat sich auch nicht gemeldet. Er ist doch näher bei uns, in der Umgebung, er hat sich doch eine Karre gekauft, weshalb kommt er nicht, oder ist er ein so Großer geworden, daß er vergessen hat, daß wir ihn geboren haben. Da habe ich geträumt, er ruft Mama, ich bin krank, auf meinem Bauch krümmt sich eine Schlange ...

Du bist doch ein Doktor, mein Sohn, sage ich zu ihm, ein Doktor wird doch nicht krank. Gerade eben habe ich das geträumt.«

... Auch ich träume was, Alte, doch lassen wir die Träume. Er war Arzt, aber er hat sich hingelegt und ist gestorben, wie ein Nichtarzt ...

»Lüge nicht, du Tölpel, der Große ist nicht gestorben! Er kann nicht gestorben sein! Bestimmt ist er in die anderen Länder gegangen, er reiste viel.«

»Leg dich dort hin und ruf nur, wenn ein Gespenst reinkommt!«

... Der Schlaf kommt nicht. Die Gedanken drehen sich im Kreise. Die Welt dreht sich weiter, nur meine Alte und ich, wir sterben nicht. Sie quält sich im Haus, ihre Beine tragen sie nicht mehr; ich kann es zu Hause nicht aushalten! Die Kinder sterben, und wir Alten müssen bleiben.

Ich hocke unter dem Birnbaum und mache Holzschüsseln. Auch Spindeln hab' ich früher gemacht, und Hirtenflöten. Die schnellsten Spindeln und die feinsten Hirtenflöten hab' ich gemacht. Jetzt ist das ganze Feld vor meinem Haus voll mit Holzschüsseln, eine an der anderen. Es ist wahr, meine verrückte Alte behauptet, Gespenster würden am Abend darauf treten. Aber ich verkaufe sie ja nicht.

Wenn nur nicht diese Nachtgespenster wären.

Seitdem die Jungen tot sind, kommen sie. Wenn die Alte anfängt zu schreien, laufe ich! Wenn jemand am Weg vorbeikommt und Holzschüsseln will, gebe ich sie ihm, aber ich sage, daß möglicherweise ein Nachtgespenst hineingetreten ist, daß er nichts reintun soll, er sie vielmehr nur zur Erinnerung haben kann ...

»Du, Großvater Stan, bist ein größeres Gespenst als alle anderen«, so sagte der junge Lehrer zu mir.

»Vielleicht bin ich eins, aber sie erschrecken vor mir, kennen meine Kraft!«

Der Lehrer kommt von Zeit zu Zeit auf eine Plauderei. Er ist jung, aber seine Zunge ist spitz, ständig greift er meinen Verstand an.
Mein Verstand ist scharf wie ein Rasiermesser. Den habe ich von meinem Großvater geerbt. Den Verstand hat er mir hinterlassen und sein Handwerk, ich trage doch seinen Namen.
Gestern war der Lehrer wieder da.
Durch sein Radio hatte er gehört, daß eine Maschine in den Weltraum geschickt wurde, und Menschen seien darin, die gesagt hätten, es gäbe keine Macht im Himmel.
»Bist du jetzt am Ende«, sagte der Lehrer, »mit deinen Gespenstern, Großvater Stan? Du erzählst, daß der Himmel sie dir geschickt hätte, als Strafe für dein Haus, weil du deine Kinder nicht bewahrt hast, aber es gibt keinerlei Macht im Himmel.«
... Dummkopf! Den ganzen Tag murmelte er, daß es keine Macht im Himmel gebe, daß sie die Macht vertrieben hätten. Wer hat dann die Sterne gemacht, wenn es keine Macht im Himmel gibt? Wenn es keinen Gott gibt, was gibt es dann? Warum holen sie nicht den Mond runter, sie sollen es mal versuchen, ihn runterzuholen, wir wollen sie sehen, dann können sie auch den Regen schicken, wie Gott ihn schickt! Es soll keine Himmelsmacht geben ... Wer wird denn dann den Menschen lenken? ...
»Stantscho, Stantscho, warum legst du dich nicht hin, sondern hockst allein?«
... Verflixter Knüppel! Schon lange ist meine Alte verrückt. Mein Vater hat recht gehabt, als er mir damals sagte, warum willst du dir einen Igel in die Hose stecken, aber ich stellte mich auf die Hinterbeine, nein und nein. Da hast du nun deine dicke Frau! Ich hatte immer eine Neigung für die Dicken. Und meine Alte war die Dickste, mit roten Backen wie Melonen. Da hast du jetzt deine Melonen auf deine alten

Tage, und du kannst sie nicht in die Sonne tragen, damit sie die dummen Gedanken verliert!
Es ist wie eine Ironie, daß die Jungen gegangen sind ... Neun waren es. Die Armut hat sie alle geschluckt. Nur zwei haben wir gehütet. Wenn sie im Dorf geblieben und Schäfer oder Rinderhirten geworden wären, lebten sie jetzt noch. Aber sie, Gelehrte wollten sie sein! Wann hat es je einen Nutzen von der Gelehrsamkeit gegeben! ...
»Stantscho, Stantscho, die Nachtgespenster!«
... Lügt sie, oder sind sie wieder ins Haus gekommen ...?
»O je, Stantscho, bist du denn taub, sie haben die Mauern durchschlagen, sie stoßen mich, sie würgen mich, verdammter Marder, hörst du denn nicht!«
»Ich komme, ich komme mit dem großen Knüppel! Ach ihr verflixtes Kroppzeug, werdet mir ins Haus dringen, die Wände einreißen, hier habt ihr, hier, hier ... Alte, Alte, ich hab' sie vertrieben, sie sind weg ... Hörst du, melde dich, mach deine Augen auf, was ist mit dir, hörst du, mach den Mund auf, hier bin ich. Hörst du mich, he, bist du gestorben ... Stirb nicht, nein!
Halte deine Seele fest! Alte, machst du einen Spaß? Ich gehe nicht aus dem Haus, sieh her, ich will nicht Stan heißen, wenn ich mich von dir wegrühre, nur halte deine Seele fest, du wirst nicht sterben ohne mich! Ich werde es ihnen zeigen, diesen verdammten Gespenstern, sie werden dich doch nicht würgen, wo nur du mir noch geblieben bist, bis ins neunte Glied werde ich sie ausrotten, nur mach deine Augen auf ... Haaaaaalt, stirb nicht!!! Was jetzt ...«
... Hier werde ich ein Grab schaufeln, daß du dich hineinlegst, Alte, und ich, ich werde mich dazulegen. Wenn die Erde auf mich fällt, wird meine Seele sich loslösen. Und alle Nachtgespenster werde ich eingraben, bis auf das letzte, sollen sie verrecken, weil sie mich allein gelassen haben, im Grab. Ach, ein Grab ist Erde, ein Grab ist nichts anderes!

Und oben gibt es nur die Macht, einmal wird auch sie verjagt werden! Aber zuerst wird sie uns alle verjagen, die wir schwächer sind als sie. Ach Lehrer, Lehrer, warum können wir den Tod nicht überwinden, den die Himmelsmacht bringt, und mir meine Alte zurückgeben, baue eine Maschine, die sie zurückbringt aus dem Grab, und auch meine Jungen ...
»Stantscho, Stantscho, hast du dich wieder unter den Birnbaum gehockt, warum machst du nicht das Tor auf, die Jungen, sie kommen, laß sie rein, ich werde sonst den Stock hinwerfen und dir deinen unreifen Holzkopf brechen!«
... Gott sei Dank, sie lebt! Es ist noch eine Seele in dieser Alten, Gott sei Dank, sie lebt! ...
»Hör auf mit diesem Geschreie, hör auf, die Nacht zum Tage zu machen!«
»Mit wem redest du, Mann, Stantscho!«
»Mit den Geschichten vom Lehrer, sei still dort, alter Kürbis!«
»Ob er vielleicht unsere Jungen geschlagen hat?«
»Ein Ziegel ist ihm auf den Kopf gefallen, und es hat sich sein Verstand verwirrt, wie deiner!«
... Wer wird denn den Menschen lenken, Lehrer, wenn die Himmelsmacht verjagt ist? Aber der meint, der Mensch wird sich selbst lenken. Das denkt er sich! Der Mensch ist nicht so gut beschaffen, daß er sich und die Sterne und die Sonne und den Mond lenken könnte! Und den Regen und den Schnee! Als diese Leute in der Maschine aufgestiegen sind, haben sie da gesehen, daß die Himmelsmacht vertrieben ist, haben sie der Sonne einen Fußtritt versetzt? Das haben sie nicht. Und ist die Maschine etwa mächtiger als die Sonne? Das ist sie nicht. Was reden sie also dann, daß es sie nicht gibt. Vielleicht kann man sie nicht sehen, aber einfach zu sagen, es gibt sie nicht ...
Und der Lehrer sagt zu mir:
»Aber du, wenn du zu ihr hundert Jahre gebetet hast, Großvater Stan, hast du sie gesehen?«

»Ich habe sie nicht gesehen, aber ich habe sie gespürt. Sie hat mir geholfen, nicht oft, aber ein-, zweimal.«
... Damals, als bei mir eine Blaskapelle hundert Hirtenflöten mit unterschiedlichen Stimmen bestellte, da habe ich sie geschnitzt, und die Himmelsmacht hat mir damals hundert Stimmen in die Hände gelegt, um sie anzufertigen. Donnerwetter, was waren das für Flöten, mit Himmelsstimmen, die Welt wunderte sich. Das waren keine Holzschüsseln, die man in einem Schwung dreht, das waren lebendige Flöten ...
Eine war dabei, die klang wie ein Wasserstrahl, man kann sagen, ihre Stimme quoll aus der Erde, aus Tiefen drangen ihre Ströme, daß sie einem die Ohren blendeten ... Und eine war dabei mit einem feinen Stimmchen, wie Tau, wie Sonne floß es aus ihr heraus, wenn man sie hörte, rief man bravo! ... Eine andere nahm einem die Sorgen vom Herzen, befreite die Seele, und sie flog hoch, trug dich in eine weite Ferne, du sahst dich um und sagtest, verdammt noch mal, welche Schönheit gibt es auf der Welt, du vergißt deine Qual und beginnst erneut zu leben!
Sie hat sie mir gegeben, die Himmelsmacht, die Stimmen meiner Hirtenflöten.
Aber jetzt gibt es nur noch dumme Leute!
Sie, die Himmelsmacht hat alles gesehen, aber sie lachte nur. Sie wird nicht zulassen, daß sie von Maschinen am Himmel ersetzt wird! Denn die Maschine geht ja kaputt, sollen die Menschen zu ihr beten? Der Mensch wird mit der Maschine, die er sich ausgedacht hat, keinen Erfolg haben, die Macht vom Himmel zu verdrängen, an ihre Stelle zu treten.
Denn wenn es so wäre, wäre der Mensch unsterblich, so wie die Himmelsmacht, der Tod könnte ihn nicht erreichen ...
Das würde ihm nichts nützen, Lehrer!

Aber der Lehrer sagte zu mir:
»Was nützt es dir, daß es eine Macht im Himmel gibt?«
»Ja, wieso soll es mir nichts nützen? Sie gibt die Nächte, wo man sich erholt von der Arbeit, gibt den Regen, damit das Korn gedeiht und alles blüht! Sie hat mir so viele Jahre geholfen. Wenn du jemandem etwas Gutes tust, sieht dich die Macht und vergißt es nicht, der Mensch aber vergißt. Warum glaubt ihr Jungen denn nicht an sie?«
»Was ist denn, wenn wir glauben?« erwiderte der Lehrer
... Man wundert sich, daß sie sie nicht wollen. Auch wenn etwas wirkungsvoller ist als die Macht, kann es sie nicht vertreiben. Der Mensch ist so beschaffen, daß er sich vor ihr fürchten muß, sonst würde seiner Schlechtigkeit kein Einhalt geboten werden! Wir müssen ihr, der Himmelsmacht, dankbar sein, daß sie uns Menschen in die Welt gesetzt hat, und wir sollten sie nicht mit allerlei krummen Maschinen durchbohren!
So sagte ich zu ihm.
Aber daß sie sie am Himmel jagen, das kann letzten Endes für die Himmelsmacht egal sein!
Auch wenn die Menschen anders wären, würden sie nichts Besseres und Schöneres erfinden können als den Himmel mit den Sternen und der Sonne. Schlimm ist, was die Gelehrten tun. Wenn die Himmelsmacht dir nicht die Seele verbrennt, wenn du ihr nicht einmal Glauben schenkst, wirst du nichts Gutes tun, wirst wie Wasser vertrocknen ...
»Stantscho, Stantscho, wie spät ist es? Sieh doch, der Morgenstern wird bald aufgehen, warum hockst du denn unter dem Birnbaum, sind dir vielleicht Feen erschienen?«
... Wieder begann sie zu schreien ...
»He, was machst du denn, Stantscho, oje, ein Nachtgespenst!«
»Ach was, ein Nachtgespenst, es gibt keine Nachtgespenster mehr, Alte, heute nacht habe ich sie eingegraben. Kein

Nachtgespenst, nicht mal eine Spur ist von ihnen geblieben, in unseren Gräbern habe ich sie begraben.«
»Hihihi, dein Verstand hat sich verwirrt, Mann, Stantscho, endlich hat er sich bei dir auch verwirrt!«
»Wieso hat er sich verwirrt, he, alte Vogelscheuche?«
»Er ist verwirrt, er ist verwirrt, wenn du die Nachtgespenster in unseren Gräbern begraben hast! Jetzt wollen wir mal sehen, wo du liegen wirst, wenn du kein Grab mehr hast!«
»Na, wo schon. Im Himmel!«
... Mann, daß sie die Himmelsmacht jagen, ist schlecht, aber wenn wir ehrlich sein wollen, wenn sie mich in eine solche Maschine stecken würden, was für ein Glück wäre das! Denn dann brauchte ich kein Grab und nichts.
Aufzusteigen und vom Himmel aus sich umsehen, oh, das wäre eine große Sache!
Unten würde der Bach fließen und nicht umkehren, aber die Maschine würde hierher zurückkehren. Wieder landen auf dem Feld, und eine Kinderschar würde mich umringen. Geschenke würde ich ihnen mitbringen, jedem einen Stern. Und für meine Alte würde ich ein Klümpchen von der Sonne abbrechen, damit sie sich damit schmücken kann, damit sie gesund wird und niemals stirbt ...

An genau diesem Bachgraben, über den Großvater Stan mit der Maschine im weiten Himmelsraum fliegen will, war vor achtzig Jahren eine Herberge. Seit langem ist keine Spur mehr von ihr vorhanden, als hätte es sie nie gegeben. Ihre Überreste sind längst im Wasser versunken, in dem schnellen und reinen Wasser, das fließt durch

Die Tannenschlucht
Eben hier, in dem Bachlauf unten, war früher die Herberge. Ich war dort der letzte Wirt. Meine Frau und ich bewirteten die Reisenden. Oft hat sich die Erde gedreht seither ... So viel Wasser den Bach hinuntergeflossen ist, so viel Volk ist durch meine Herberge gegangen. Ich bin hundert Jahre alt, aber etwas Schrecklicheres als diese Armut habe ich nicht gesehen. Wer hat diese Armut in die Menschen geschickt, ob Gott die Menschen damit bestrafen wollte? Und auch durch meinen Gasthof kamen viele arme Leute, auch sie gingen nach unten zum Meer, um dieses oder jenes zu verkaufen, sich von der Armut loszureißen.
Am schrecklichsten ist diese Armut, wenn man den Reichtum kennengelernt hat. Ein solcher Mensch kam einmal in den Gasthof. Was für ein Mensch er war, weiß ich nicht, ich kannte ihn nicht, ich konnte es auch nicht herausfinden. Schon als er in der Tür erschien, wußte ich, daß er viel Geld hatte. Ein solch reicher Mann kam zum ersten Mal.
Ich flüsterte meiner Frau zu: »Leg in die Pfanne vom besten Fleisch, und hol abgelagerten Wein herauf, und mach das Zimmer zum Bachtal zurecht!«
In der oberen Etage hatten wir zwei Zimmerchen, in denen die Reisenden übernachten konnten, wenn sie wollten.
Ich betrachtete ihn, ein großer schlanker Mann, etwa so vierzig Jahre alt, aber alles an ihm war nur Muskel. Sein Haar war schwarz wie Pech, seine Augen rein, wie diese Tannen in

der Schlucht, und seine Arme und sein Gesicht waren weiß wie die beste Athener Seife.
Als er unsere Gaststube betrat, wirkte der ganze Gasthof ärmlich. Ich stammte von einem fernen Dorf von der anderen Seite des Gebirges.
Jung war ich damals, ein Hitzkopf, aber ich war kein schlechter Mensch, es gab weitaus schlechtere...
Man erlaubte uns nicht, meiner Frau und mir, daß wir uns kriegten, so entführte ich sie von ihrem Vater und ihrer Mutter, und wir flohen hierher. Der Gasthof stand schon. Er war verlassen. Er gehörte irgendeinem Gastwirt, und dieser Wirt sollte viele Leute beraubt und umgebracht haben, so wurde erzählt, aber vielleicht ist es auch nicht wahr. Angeblich haben ihn die Nachtgespenster zerrissen, und das Gasthaus war verödet. Und dieses Dorf, was man unten sieht, waren damals nur ein paar Häuser. Gute Leute, und der Pope traute uns. Die Bauern gaben uns den Gasthof, damit wir eine Familie gründen konnten. Denn wir waren barfuß und nackt, ohne einen Pfennig...
Ein solcher Mensch wie an jenem Abend, war noch nie gekommen. Er sah weder einem Bulgaren noch einem Griechen, noch einem Türken ähnlich, aber er redete in allen drei Sprachen. Er sagte bloß, daß er vom Schwarzen Meer komme und zum Weißen Meer, zur Ägäis wolle.
Ich sah, seine Kleidung war wie von einem Kaufmann, von gutem ausländischem Stoff, sehr abgetragen, aber nicht zerrissen. Und er machte den Eindruck eines reichen Mannes.
Er setzte sich an den Tisch der Kaufleute am Fenster, den der Bach von irgendwoher angespült hatte, das fehlende Bein hatte ich angehämmert. Als er sich setzte, spürte ich, daß dieser Mensch nicht noch einmal kommen würde. Menschen wie er kommen nur einmal in so eine Einöde. Und seine Augen drückten Unnahbarkeit aus, es verriet ihn also, daß er ein Mensch aus einer anderen Welt war. Wer weiß, was für

Dinge er gesehen hatte. Sein Fuß muß über Marmor gegangen sein, seine Hände kannten sicher reinblütigste Pferde und auserwählteste Frauen, seine Augen hatten aber auch die dornigsten Höllen gesehen und die reichsten Straßen auf der Welt.
Er kannte die Welt und ihre Plätze, und er kannte seinen Platz in der Welt.
So mußte es sein, aber vielleicht war es auch nicht so.
Es saß dieser Mensch an dem einfachen Holztisch, aber so sitzt kein gewöhnlicher Sterblicher. Von ihm ging ein feiner Hauch aus. Er hatte sich eine längere Zeit nicht rasiert. Sein Bart war wild gewachsen, aber er konnte seine schöne Rasse nicht verbergen.
Er rief mich und verlangte viel Essen, vom Besten, was wir hatten. Dann griff er in die Tasche seiner Jacke. Ich habe gesehen, so greifen die reichsten und solidesten Herren aus Zarigrad und Athen. Ohne zu prahlen, griff er hinein. Er holte ein Taschentuch heraus, dünn wie ein Spinngewebe und weißer als Meersalz, und wischte sich den Schweiß ab.
In meinem Gasthaus war es warm, obwohl der Winter an die Tür klopfte. Der Mann steckte sein Tuch ein und schaute aus dem Fenster.
Draußen war es dunkel geworden.
»Wie heißt der Ort, in dem dein Gasthof liegt?«
»Die Schlucht, die Schlucht der Tannen nennen wir ihn.«
Er nickte mit dem Kopf. Dann aß er nur das Fleisch, trank einen halben Schoppen Wein. Er rief mich, gab mir ein ganzes Goldstück und sagte:
»Ich werde hier nicht übernachten, aber kann ich in deinem Gasthof ein Bad nehmen?«
»Ja, ja, Herr, das geht, sofort.«
Er gab mir noch ein Goldstück.
Ich trug in das große Zimmer zur Schlucht hin den hölzernen Bottich, bereitete ihm einen Kessel warmes Wasser,

füllte den Kamin mit harzreichen Scheiten, ging nach unten und lud ihn ein.
Er ging hinein, und ich hörte, daß er nur den Riegel vor die Tür schob, den Schlüssel drehte er nicht im Schloß.
Ich ging nach unten, aber es zog mich wieder nach oben. Ich trug meiner Frau auf, die Gäste zu versorgen, und kehrte zurück, damit ich zur Verfügung war, falls er mich rufen sollte.
Aber er rief nicht.
Und dann, dann ging ich und kletterte auf den Dachboden, und von dort schaute ich durch einen Spalt. Warum ich das tat, weiß ich nicht ...
Er kleidete sich aus, und ich sah, daß sein Körper mit Narben übersät war. Solche Narben bleiben, wenn man etwas Schweres überwunden hat. Donnerwetter, was für Sachen hatte dieser Mensch erlebt?
Dann sah ich, wie er die Sohlen seiner Stiefel abschraubte, er trug hohe Stiefel von zerknittertem Leder, alt, aber fest waren sie, schraubte ihre Absätze ab, und daraus fiel ein Schwarm Goldstücke ... Donnerwetter! Er begann, sie rasch zu zählen. Er zählte sie, schüttelte auch seinen Beutel dazu, nur kleine Münzen blieben zurück, dann schraubte er die Sohlen wieder fest.
Er übergoß sich mit Wasser, trocknete sich mit dem Tuch ab, das ich ihm dagelassen hatte, und legte sich auf die Pritsche. Während er lag, zog er eine Zigarette heraus, dünn und lang, und rauchte. Es roch bis zum Dachboden nach gutem Tabak. So roch es vor den teuersten Nachtlokalen am Meer. Er rauchte gemächlich, stand auf und begann sich fertigzumachen.
Ich schlich vom Dachboden wie eine Katze, stieg rasch die Treppe hinunter und traf ihn an der Tür.
»Haben sie noch einen Wunsch, Herr?«
»Gibt es einen kürzeren Weg als diesen ans Meer?«

Ich zeigte zur Schlucht. Einen kürzeren Weg als durch das Bachtal gab es nicht. Die Straße machte einen Umweg; doch in der Schlucht war nicht viel Wasser, und mit solchen Stiefeln konnte man durchgehen und gelangte direkt an das Meer. Auf der Straße waren es fünf, sechs Stunden bis zu den Dörfern am Meer unten, aber das Bachtal führte gerade durch, in drei Stunden war man unten.
Das sagte ich ihm.
Er ließ mir noch ein Goldstück da, nickte mir dankbar zu und ging los in die Schlucht. Er verschwand zwischen den Tannen. Donnerwetter, wer mochte dieser Fremde sein, warum suchte er die kürzesten Wege ... Und das Gold in seinen Stiefelsohlen! Soviel Goldstücke ... Wenn er sie gestohlen hatte und floh jetzt ... War diese Sache sauber?
Ein verdächtiger Mensch, eine verdächtige Sache!
Ich kann nicht sagen, wie meine Beine losrannten, aber sie flogen unter mir davon und trugen mich direkt in die Tannenschlucht. Ich schlich wie eine Katze, bis ich in der Schlucht seinen Schatten bemerkte, er ging von einer Seite zur anderen, hielt sich an der krummen Tanne fest.
Ich kannte hier jeden Baum, mit verbundenen Augen würde ich ihn an seinem Rauschen erkennen.
Bevor ich verstand, was geschah, banden meine Hände wie von selbst den Gürtel los und warfen ihn nach vorne dem Fremden über den Hals, als er sich an den Baum gelehnt hatte. Sie begannen den Gürtel festzuziehen, dann nach hinten zu ziehen, bis es reichte, die verdammten Hände drehten ihn zusammen, verzwirnten ihn, und ich hörte nur ein – kirt!
Und er wurde leblos.
Als ich vor ihm stand, war er tot. Ich hatte ihn erdrosselt, er gab keinen Laut von sich, auch kein Röcheln habe ich gehört. Ich kehrte seine Taschen um, es war nichts drin, nur der Beutel mit den kleinen Münzen, sein weißes Tuch, ein metallener Schuhanzieher, ein Knochentaschenmesser und noch

ein kleines Tuch aus Seide mit Stickerei. Und in der anderen Tasche war ein Dolch. Wenn man ihn drückte, sprang er hoch, man konnte leicht jemand damit umbringen.
Ich schraubte die Stiefel auf. Ich nahm das Gold und füllte mir die Taschen.
Ich rannte weg und versteckte es im Pferdestall unter der Krippe, dann schlich ich wie eine Katze zur krummen Tanne zurück, grub mit dem Spaten ein Loch, legte ihn mit seinen Sachen hinein und häufte ihn von oben zu, aber unregelmäßig, damit man nichts bemerkte, gab ich viele Steine, Reisig und Laub darüber.
Ich ging zurück zum Gasthof und hörte vom Bachgraben aus, wie meine Frau durch die Nacht rief:
»Kalin, Kalin...«
Auch die Gäste waren alle rausgekommen, pfiffen und trampelten auf dem Weg, sie suchten mich.
O Gott, was jetzt?
Und die Beine gaben mir den Verstand wieder. Es muß wohl mal der Verstand in den Beinen gewesen sein. Wieder schlich ich wie eine Katze, kletterte in den hinteren Hof, nahm einen Kessel voll mit Wasser, hob ihn hoch, das Wasser floß, und ich ließ mich nach vorn neben den Kessel fallen.
Nach einiger Zeit kamen sie und fanden mich, aber ich stellte mich bewußtlos. Meine Frau schrie noch lauter.
Man trug mich hinein in den Gasthof, besprengte mich mit Wasser, tröpfelte mir Schnaps in den Mund. Ich wartete eine Weile, wartete, schließlich rührte ich mich.
»Was hast du gemacht, Kalin«, weinte Irina, »was hast du gemacht, wo ist der Mann, hat er dir nichts bezahlt, hast du ihn verfolgt?«
»Hier hat es mich getroffen, ein Schlag, gerade ins Herz! Ich ging, um den Kessel zu füllen, und als ich ihn aufhob, hier, von dem Gewicht...«
»Aber der Mann, der Mann, wo ist er?«

»Der Mann hat bezahlt, hat bezahlt und ist seines Weges gegangen, schon lange, lange, aber dieser verdammte Kessel!«
»Dein Herz ist stehengeblieben von dem Gewicht, o Gott!«
»Mir fehlt nichts«, ich erhob mich, »hier, ich bin wieder in Ordnung, mir fehlt nichts!«
Die Gäste legten sich hin, auch meine Frau und ich, wir legten uns nieder. Aber ich konnte nicht einschlafen.
»Ist dir nicht gut?« fragte meine Frau.
»Ich bin in Ordnung.«
Meine Beine und meine Arme waren eiskalt.
Es wurde hell.
Ich sah mich im Wasser an, sah kein schwarzes Haar mehr auf meinem Kopf.
»Mein Gott, groß ist dein Kummer, Kalin, ich weiß nicht, was dir fehlt, du sagst ja nichts«, rief meine Frau.
Und sie ging, die Nachbarn zu fragen, ob sie ein Heilkraut wüßten für ein krankes Herz.
Sie kochte bitteres Zeug, ich trank, ich trank, trank, aber es half nichts.
Dieser Mensch setzte sich in mir fest, verschwand nicht.
Ich rannte des Nachts los, ihn zu verfolgen, daß er verschwindet, daß er weggeht, daß ich ihn vergesse, nein! Er saß fest und sah mich an. Schließlich begann ich mit ihm zu reden.
Ich redete, aber er schwieg, hörte mir nur zu und nickte mit dem Kopf. Fremder, warum hast du mich denn nicht aufgehalten, Mensch, warum hast du nicht deinen Dolch gezogen, hast nicht dein Messer gezeigt, damit diese schwarze Macht in meinen Händen und Füßen aufgehalten worden wäre?
Warum hast du nicht wenigstens gesagt, daß das Geld dir gehört, daß dein Gold sauber ist ...
Er schwieg, nur seine Augen leuchteten wie die Tannen hier.
Mann, warum hast du nicht geschrien, wenn ich wenigstens deine Stimme gehört hätte, hätte ich innegehalten ...

Ich redete, aber paßte auf, daß meine Frau mich nicht hörte. Mein Gott, es war schrecklich!
Was war das für ein geheimnisvoller Mensch, wer war er, hatte er jemanden umgebracht wegen dieser verfluchten Goldstücke, wurde er verfolgt ... Schwarz war sein Haar, schwarz wie Pech, weiß seine Hände und sein Gesicht, ein Mann von einer anderen Rasse, wohl kein gewöhnlicher Sterblicher, und sein Körper bestand nur aus Muskeln, kein Schwächling.
Meine Frau konnte ich nicht anfassen, mit diesen Händen, die einen Menschen erwürgt hatten, nein!
»Sag, was ist mit dir?« fragte sie oft.
»Nichts ist mit mir, warte nur noch ein bißchen, ich komme schon wieder in Ordnung!«
Ich sagte ihr nichts. Ich hütete mich, nur ja nichts auszuplaudern, aber dieser Mensch war mir ständig auf der Zunge. Ich verfluchte mich, täuschte vor, als ob nichts wäre, und wartete ständig, daß jemand käme, ihn zu suchen. Aber es kam niemand. Ich sagte mir, was er auch für ein Mensch war, gut oder schlecht, wenn einer kommt, dann sage ich die Wahrheit. Ich war entschlossen, aber es kam niemand.
Schließlich kam mir was anderes in den Sinn. In die Stadt wollte ich gehen, aussagen, damit sie mich ins Gefängnis sperren, mich umbringen, mit mir machen, was sie wollen, ich wollte die Wahrheit sagen. Aber ich dachte auch an meine Frau ... du wirst hingehen, gut, wirst deine Strafe erhalten, aber sie, die ich von ihrem Vater entführt hatte, wem hinterlasse ich sie? Du wirst auch sie vernichten, hier hat sie doch niemand in dieser fremden Gegend, der sie zu sich nehmen würde, du wirst sie umbringen, und dann hast du noch einen Menschen getötet!
Es verging die Zeit, die Gäste kamen und gingen, und dieser Mensch saß weiter in mir und sah mich an.

Ich sah, wie meine Frau verfiel. Sie begann durch meine Schuld dahinzusiechen. Ihre blauen Augen wurden dunkel, ihre Arme, früher rundlich, wurden immer dünner. Ihre Armreifen trug sie nicht mehr, ihr weißes Gesicht wurde grau. Und sie flocht ihre Zöpfe nicht mehr, ach, was für Zöpfe hatte sie, aber sie kämmte sich nicht mit Freude. Auf ihrer Stirn in der Mitte trat eine tiefe Furche hervor und teilte das Gesicht. Da dachte ich mir etwas aus.
Ich beschloß, das Gold auszugraben, hinunter zu den Armen ins Tal zu gehen, zu den Zigeunerdörfern am Meer, und ihnen die Goldstücke zu geben, in der Hoffnung, daß dann vielleicht der Fremde aus mir verschwindet und meine Seele Ruhe findet.
Eines Nachts waren keine Gäste im Gasthof, ich und meine Frau waren allein.
Es gab auch solche Zeiten, wo wir allein blieben, uns von der Arbeit erholten, uns ausschliefen und saubermachten. Ich wartete, bis sie tief eingeschlafen war, dann ging ich in den Stall, barfuß wie eine Katze. Ich grub die Goldstücke aus. In diesem Augenblick, als ich sie ausgrub, sah ich, daß meine Frau hinter mir stand!
»Du hast den Mann umgebracht«, rief sie. Und sie wiederholte es. Und sie wiederholte es noch einmal und noch einmal. Ich erstarrte. Sie drehte sich um und ging hinaus.
Es verging ein Tag, es vergingen zwei, wir fragten uns, ob es wahr sei. Und am dritten hielt es mein Herz nicht mehr aus, der Mensch rollte mir von der Zunge und sagte von selbst: Es ist wahr...
Eine ganze Woche sprach sie kein Wort mit mir.
Und eines Abends, als wieder keine Leute in der Schenke waren, nahm sie ihre Decke und sagte:
»Ich schlafe dort.«
Und sie ging in das Zimmer zur Schlucht hinaus.
Mein Gott, sie hatte Angst vor mir!

Ich wagte nicht, bei ihr zu klopfen, damit sie sich nicht noch mehr fürchtete, daß ihr Herz nicht vor Schreck zersprang.
Ich legte mich hin und schlief wie ein Klotz.
Am Morgen ging ich zu ihr, faßte allen Mut, ging hinein.
Aber sie war weg.
Ich dachte, sie sei gegangen, um Heilkräuter zu sammeln, um Medizin daraus zu kochen. Ich wartete, wartete, sie kam nicht. Es wurde Mittag, sie kam nicht. Ich rief hier und dort, lief auf den Weg, rief und rief, dann suchte ich sie in der Tannenschlucht.
Nach oben, nach oben...
Und ich schaute hin, sie hatte sich an einem Baum erhängt, gegenüber der schiefen Tanne.
Ich nahm ihr den Strick ab, warf ihn über mich, um mich selbst zu erhängen, damit endlich meine Qual ein Ende hätte.
Aber meine Hände zitterten, und ich hörte ihre Stimme, auch der Fremde erschien vor meinen Augen, schüttelte mit dem Kopf: Nein, nein, du wirst dich nicht aufhängen, du wirst am Leben bleiben, wirst büßen, du wirst die Rechnung bezahlen, wie ich sie dir bezahlt habe!
Immer wenn ich mich aufhängen wollte, wiederholte sich das.
Ein paarmal verlor ich den Verstand, konnte dann aber wieder klar denken.
Gut, du wirst bezahlen, du wirst bezahlen, sagte ich zu mir, wie der Fremde und meine Frau es verlangen.
Obwohl, wer weiß, ob die Weste des verdammten Mannes so rein war und ob er diese verflixten Goldstücke nicht einem anderen weggenommen und ihn getötet hatte, das heißt, er hätte seine Schuld bezahlt, ich habe ihn erwürgt, und jetzt muß ich meine Schuld bezahlen...
Ich nahm die Goldstücke, ging hinunter direkt zu den Zigeunerdörfern; und zu den Armen. Und verschenkte alles, bis auf den letzten Taler.

Im Stall, wo die Goldstücke versteckt waren, mauerte ich die Stelle zu. Es war eine verfluchte Stelle.
Die Zeit verstrich, die Gäste kamen und gingen.
Ich war meistens hungrig, aß ein bißchen Käse und ein bißchen Brot, wenn der Hunger zu groß wurde.
Weder eine Frau interessierte mich noch der Geldbeutel anderer Leute. Alles Geld sammelte sich allein, wer gab, gab, wer nicht, auch gut, ich verlangte nichts.
Nach zehn Jahren bekam ich Angst und zählte mein Geld zusammen. Ich ging nach Ksanti. Kaufte davon diese Ikone von Jesus, die beiden silbernen Kreuze und diese eiserne Kanzel. Ich holte Steine aus der Schlucht, brachte die Gebeine meiner Frau und jenes Fremden auf diesen Hügel und legte sie in diese zwei Gräber. Die kleinen Tannen auf den Gräbern habe ich gepflanzt. Hier habe ich allein die Kapelle errichtet. Und den kleinen Raum, wo ich jetzt bin. Und dort habe ich zwei, drei Beete mit Tabak angelegt, so habe ich zu rauchen. Ins Dorf gehe ich, um mir im Laden zu kaufen, was ich brauche. Aus den vereinzelten Häusern ist inzwischen ein Dorf geworden.
Wenn jemand vorbeikam und mich fragte, auch die Leute aus der Nachbarschaft fragten mich manchmal, ich antwortete, daß ich hier mein Kind und meine Frau begraben habe, die bei der Geburt des Kindes gestorben sind.
Ich bin alt geworden.
Eines Tages kamen sie und sagten zu mir:
»Großvater Kalin, wir geben dir ein Häuschen im Dorf, hier verbreitern wir den Weg, eine große Straße werden wir bauen.«
»Ich will nichts, will nicht, hier fühle ich mich wohl, ich brauche nichts.«
Ich kaufte mir eine Ziege, mit ihr lebte ich gut, aber im vorigen Jahr ist sie gestorben.
Die Zeit ist verflossen.

Mit meinen Händen habe ich den Gasthof eingerissen.
Der Fluß spülte die Reste weg, Stückchen für Stückchen ...
in den Abgrund!
Hast du bezahlt, Kalin? Wer kann für ein Menschenleben bezahlen?
Das Wasser fließt, die Tannen rauschen, ach, wie diese Tannen, so kalt waren die Augen jenes Menschen und abweisend ...
Und etwas Schreckliches war in ihnen.
Aber die Augen meiner Frau waren blau, wie der Himmel.
Wenn es nicht geschehen wäre ... Ich konnte nicht zurückkommen, konnte den Leuten im Dorf nicht in die Augen sehen, was sollte ich ihnen sagen ...?
Als meine Ziege starb, ließ sich ein Schwarm Schwalben hier nieder. Sie bauten ihre Nester unter dem Dach der Kapelle und des Zimmerchens, sie nahmen Besitz davon, als ob es ihr zu Hause wäre. Ich riß ihre Nester runter, riß sie runter, denn ich war an fremde Wesen nicht mehr gewöhnt, aber sie bauten neue. Sie verbrachten den Winter in den warmen Ländern, aber im Frühling kommen sie hierher zurück. Ich ließ sie also.
Ich gieße die Gräber. Dort jenes Grab ist für mich. Wenn es regnet, füllt es sich mit Wasser. Wenn es heiß ist, laufen die Ameisen an den Wänden des Grabes und sammeln Vorräte für den Winter.
Und diese hohen Ulmen sind in den Jahren groß geworden.
Früher war dieser Hügel unbewachsen, nur Steine gab es hier, und auf ihnen sonnten sich die Eidechsen.
Jetzt sitze ich zusammen mit den Schwalben im Schatten. Sie zwitschern, fliegen im Kreise, manchmal zwitschere ich mit ihnen. Wenn morgens die Sonne aufgeht, nehme ich einen Kupferkessel, und langsam, langsam gehe ich mit dem Stock nach unten zum Bach, um Wasser zu holen.
Auf diesem Weg nach unten kam einmal ein Mann mit seinem Motorrad.

Er traf mich, als ich mit dem vollen Kessel zurückkam.
Und sagte: »Großvater, weißt du, oder hast du gehört, ob vor Jahren hierher ein gewisser Kalin gekommen ist, aus irgendeinem Dorf von der anderen Seite des Gebirges, er hatte eine Frau entführt, hat er vielleicht hier gewohnt, ich bin ein Verwandter von ihm, sie sind wie von der Erde verschluckt, der Mann mit seiner Frau Irina, ihre Väter, ihre Mütter sind aus Gram gestorben, niemand weiß etwas über sie. Ich bin ein Tabakfachmann und komme viel herum und frage überall, immer wieder frage ich, gibt es irgendwelche Spuren von diesem Mann? Niemand weiß etwas von ihm, niemand...«

Oben, oben bei den Quellen des Flusses werden die Berge immer dichter und steiler. Abends treffen sich ihre Schatten auf einem Platz und flüstern ganze Nächte. In tiefster Nacht verstummen sie, es wird so still, daß man hören kann, wie die Erde sich auf ihrer Bahn bewegt.

Dann kommt der Mond herunter und hängt groß und weiß über dem Hügel

Golgotha

Gestern abend wäre ich beinah gestorben.

Als ich lag, hörte ich auf einmal, wie meine Seele erlischt. Sie erlosch, erlosch, nur ein Funke blieb, er flackerte und wollte nicht ausgehen.

Dann hörte ich Engelsgesang, und die Gottesglocke begann zu leuten.

Es duftete nach Thymian.

Und ich sah, wie zwei Engel mit blauen Flügeln vom Berg Golgotha heruntersteigen. Sie kamen zu mir.

»Komm, Großmutter Daphina, bist du bereit?«

»Wartet noch, ihr Engel, wartet noch einen Tag auf mich, morgen ist der Tag des heiligen Georg, mein Sohn wird kommen, damit ich ihn noch einmal sehe, und morgen abend könnt ihr mich mitnehmen, ich bitte euch, Engel!«

»Wir erfüllen deinen Wunsch, weil der Wunsch einer Mutter stärker ist als der Tod!«

Sie gingen zurück, und ich sah, auf dem Gipfel des Berges Golgotha breiteten sie ihre blauen Flügel aus und flogen in den Himmel.

Auf einmal fühlte ich, wie auf meinem Kopf die Sonne brannte.

Da sah ich den heiligen Georg leibhaftig vor mir.

»Hab Geduld, Daphina, bis jetzt hast du gewartet, warte noch einen Tag.«

»Wann?«
»Morgen abend. Jetzt schlaf ruhig.«
So sprach er zu mir.
Ich schloß meine Augen und schlief ein.
Am nächsten Tag stand ich früh auf. Ich begann, das Haus in Ordnung zu bringen. Und meine Seele war leicht von der Morgendämmerung. Nicht, als ob ich gestern Abend fast gestorben wäre. Warum ließ das Schicksal zu, daß mein Sohn nicht näher bei mir ist, heiliger Georg, daß er so weit in der fremden Welt lebt und dort nicht in seiner Muttersprache Wasser und Brot verlangen kann. Seine Seele ist wie eine Zitterpappel, ich kenne ihn, deswegen ist er weggelaufen.
Ich säuberte den Ofen, putzte die Ofenrohre, und langsam, langsam wusch ich den Tisch, die beste Decke legte ich auf das Bett. Und hier, in den Ecken, fegte ich den Staub zusammen. Ich putzte die Kommode, und mit einem Tropfen Öl die Fotografien, zwei sind von meinem Jungen, die andere von Nikolai, meinem Mann, Gott hab ihn selig. Ich gab einen neuen Docht in die ewige Lampe und zündete sie wieder an, damit sie an dem heutigen Feiertag schön brannte. Und Staub wischte ich auf der Ikone des heiligen Georg, sein Antlitz leuchtete wieder.
Und jetzt ein bißchen Pause, und dann werde ich die Stufen noch fegen.
Dreißig Jahre sind vergangen, schon so lange wandert Georg in der Fremde umher. Viel Zeit, um zu wandern, um zu leben, aber die verdammte Zeit verändert die Seele des Menschen nicht.
Und die Seele von Georg, ich weiß, sie blieb wie eine Zitterpappel. Äußerlich ist sie vielleicht hart geworden, aber innen ist sie dieselbe geblieben.
So, wie er damals war...
Es wurde hell, es war der Zwölfte, er ging mit seinen Freunden in den Wald. Sie kamen am Abend zurück.

Am nächsten Morgen riefen sie ihn ins Gemeindeamt.
Er ging, kam zurück und sagte:
»Mutter, schlecht sieht es aus, sehr schlecht.«
»Warum Junge, was wollen sie von dir?«
»Gestern war ich im Wald und habe einen Baum gefällt, einen fremden Baum, einen vom Staat, der Förster kam und rief, wer hat ihn gefällt? Ich antwortete, ich habe einen Fehler gemacht. Aber er begann zu schimpfen und mich zu verdammen. Schimpfe nicht, sagte ich zu ihm, die Strafe werde ich dir bezahlen. Du willst mich belehren, was ich sagen darf, sagte der, ich werde dich zu Verstand bringen! Und jetzt hat er mich vor den Richter gebracht, und die Strafe ist groß, weil ich einen Beamten beleidigt habe. Du, Mutter, sag es nicht dem Vater, er ist doch herzkrank.«
Ich sagte nichts.
Ich zog mich an und ging zu meinen Verwandten, Georg ging zu seinen Freunden, wir wollten Geld sammeln.
Ich ging hierhin, ich ging dorthin, aber umsonst, niemand hatte soviel Geld, um es uns zu borgen. Mit leeren Händen kehrte ich abends zurück. Auch Georg kam heim, auch er hatte nichts. Und der Förster flüsterte seinem Freund zu, wenn er Schmiergeld bekäme, würde er die Anzeige zurücknehmen, und alles wäre erledigt. Aber woher nehmen?
»Höre, Junge, morgen werde ich zum Richter gehen, werde ihn bitten zu warten, wir sind doch Menschen, wir können uns verständigen.«
»Nein, Mutter, die Richter sind ein besonderer Schlag von Menschen. Morgen gehe ich zum Förster, vielleicht können wir uns einigen.«
Frühmorgens ging er los.
Abends kamen die anderen zurück, Georg war nicht bei ihnen. Ich fragte sie nach unserem Georg, sie antworteten, einer seiner Schuhriemen war zerrissen, und er hätte gesagt,

geht voraus, ich werde euch einholen! Der Förster hätte ihn beschimpft, sie wären nicht einig geworden.
Wir warteten, warteten, er kam nicht.
Es verging ein Tag, zwei, drei, bis ich es seinem Vater sagte. Wir durchsuchten die Hügel hier, wir suchten ihn überall, wir riefen ihn, damit er sich nichts antat, denn er hatte eine feine Seele, er kam nicht.
Neun Monate konnten wir nicht schlafen, Essen und Trinken schmeckte uns nicht.
Sein Vater hielt nicht durch. Er bekam einen Herzschlag, ich begrub ihn.
Genau einen Tag, nachdem ich ihn begraben hatte, kam der Briefträger mit einem Brief von Georg. Er schrieb in dem Brief, daß er sich aus dem fernen Amerika melde. Er lebe, sei gesund, nur sehr einsam sei er, alles würde wieder gut, der Vater und ich sollen uns keine Sorgen machen, wir sollen nur warten. Er würde nochmals schreiben und seine Adresse schicken. Wir sollen warten, eines Tages würden wir uns wiedersehen, würden uns zusammenfinden, er würde kommen.
Wieviel Feiertage sind seitdem vergangen, also, an dem heutigen Tag muß er kommen.
Heute abend muß ich sterben, die Engel waren einverstanden zu warten, selbst der heilige Georg sagte mir, mein Sohn wird heute abend kommen. Sie sehen alles vom Himmel und haben gesehen, daß der Junge seine Rückreise vorbereitete, sie sagten zu ihm, deine Mutter wird am Abend sterben, gehe, so weiß er, daß ich auf ihn warte.
Komm, Junge, komm bis heute abend, mich zu sehen.
Als dein Vater starb, bat er mich, auf dich zu warten.
Das Haus ist alt geworden, das Dach eingestürzt, die Bank zerfallen, die Treppe überwuchert. Die Schwertlilien im Garten sind vertrocknet, aber die Basilikumpflanze ist noch da. Dieses Basilikum pflanzte ich bei deiner Geburt, es ist so alt wie du, Georg.

Komm, bitte.

Der Förster ist gestorben, andere Leute sind im Gemeindeamt, und den Wald, wo du den verflixten Baum gefällt hast, gibt es nicht mehr. Sie brauchten Bauholz.

Ich bin alt geworden, Junge, krumm geworden, mit dem Stock gehe ich, aber immer noch warte ich auf dich. Ich halte meine Augen noch gesund, damit ich dich sehe, wenn du kommst.

Komm, damit du das Dorf siehst, gibt es so ein Dorf in Amerika? Das ganze Leben treibst du dich in Amerika herum. Ist es so groß, daß du keine Zeit fandest, noch einen Brief zu schreiben? Vielleicht quält dich die Einsamkeit. Man kann sie nicht überwinden, auch in Amerika nicht. Die Einsamkeit geht durch die Tür hinaus und kommt durch das Fenster zurück. Aus den Augen wird sie verschwinden, in der Seele wird sie bleiben. Hast du einen Freund, hast du eine Frau? Hast du jemanden, der dir guten Tag und grüß Gott sagt?

Wir hatten immer nur Sorgen in diesem Leben ohne dich.

Wie viele Male begann ein neuer Tag, ein Stachel saß mir im Hals, er stach und stach, und jeden Tag wurden es mehr Stacheln. Wie kann ein so großer Stachel im menschlichen Hals sein, ich weiß es nicht.

Abends zünde ich immer das ewige Licht an, und die Katzen kommen ans Fenster. Drei alte Katzen, verfluchte Herumtreiber.

Die Schwarze: »Schlecht beträgt sich dein Sohn, Daphina, einen Brief hat er dir nur geschrieben, und dann nichts mehr, er kommt nicht, denke nicht an ihn!«

»Verschwinde, du Schwarze, du weißt nichts, er wird kommen!«

Die Weiße: »Dein Junge wird kommen, Daphina, aber ihr seht euch nicht mehr, du wirst sterben, wirst ihn nicht mehr begrüßen können!«

»Hau ab, weiße Hexe, du weißt nichts, wir werden uns sehen!«

Die Gelbe: »Dein Sohn ist nicht gut, Daphina, das ist kein Sohn, der die Mutter vergißt, und du trauerst um ihn!«
»Das Grab soll dich schlucken, du Verdammte, du weißt auch nichts!«
Ich verjagte sie, doch am nächsten Abend kamen sie wieder und sagten dasselbe. Der Hund ist besser...
Der Hund: »Hoffentlich kommt er, Großmutter Daphina, sicher wird er kommen, der Mensch ist wie ein Hund, wenn er älter wird, kommt er in das Haus zurück, wo er geboren ist.«
Jeden Frühling kommt die silberne Schwalbe, tschuk, tschuk, tschuk, ich öffne ihr das Fenster.
Sie beginnt zu zwitschern und setzt sich auf das Fensterbrett.
»Dein Sohn lebt, Großmutter Daphina, und ist gesund. Sorge dich nicht, er wird kommen, du mußt nur auf ihn warten!«
Ihr glaube ich, sie fliegt jeden Winter in die wärmeren Länder und kommt im Frühling zurück. Sie weiß alles. Sie fliegt in der Welt umher. Wenn man Flügel hat und in die Welt hinausfliegt, sieht man alles. Sie war auch in Amerika. Vielleicht hast du sie gesehen, mein Junge.
Oft hab' ich sie beneidet. Ach, könnten wir einmal unsere Plätze tauschen.
Nur ein einziges Mal!
»Ist Amerika ein warmes Land?« fragte ich sie.
»Am wärmsten ist das Heimatland, das Land der Mutter, Wärmeres gibt es nicht auf der Welt, dein Junge wird kommen!« so antwortete die silberne Schwalbe. Ich gab ihr Krumen, und wenn sie wegflog, ging ich auf den Hof, um zu sehen, wie sie ihre Flügel im Himmel schwang.
Am Feiertag der heiligen Maria erschien mir die Heilige leibhaftig.
Sie kam auf einer feinen Wolke vom Himmel, hier stieg sie runter, im Garten, sie kam und setzte sich zu mir.

»Sorge dich nicht, Daphina, beruhige dein Herz, du wirst deinen Sohn empfangen. Die Mutter soll so lange warten, bis er da ist. Und du mußt die Kraft haben! Mit der Kraft in der Seele überwindest du alles!«
Als sie mir das sagte, wurde mir warm ums Herz. Ich muß der heiligen Maria glauben, denn sie hat auf ihren Sohn bis zur Wiedergeburt gewartet, die ganze Welt weiß das.
Ich setze mich auf die Treppe, mein Junge, und warte.
Einen Pullover habe ich dir gestrickt, aus reiner Wolle ist er, weiß, mit rotem Muster, wenn du im Winter kommst, hast du etwas zum Anziehen.
Aber wenn du im Sommer kommst, habe ich dir ein Hemd genäht, ganz dünn, mit einer gestickten grünen Geranie, damit du so gesund bleibst wie diese Blume.
Das andere Zimmer ist für dich vorbereitet. Von der Rente habe ich dir ein neues Bett gekauft, und einen neuen Ofen. Und als der Vater noch lebte, kauften wir für dich das Radio.
Wenn Georg kommt, so sagte dein Vater, kann er im Radio hören, was in der Welt passiert.
Noch etwas habe ich dir gekauft, aber der Vater weiß nichts davon.
Hier ist es, in der Tischschublade. Ich habe es in ein weißes Tuch gewickelt, damit es nicht staubig wird. Es ist eine kleine blaue Schachtel, und darin eine Uhr mit einer feinen Kette, und ihre Ziffern sind rot und schön. Manchmal gehe ich ins Zimmer, um sie mir anzuschauen.
Einmal im Sommer kamen einige Frauen aus der Stadt. Auf dem Webstuhl habe ich ihnen bunte Decken gewebt, solche hatten sie schon überall gesucht, die Frauen bezahlten mich gut. Und ich gab das Geld der Verkäuferin Ljuba, dafür sollte sie mir aus der Stadt die Uhr besorgen. Sie brachte sie.
Gut wird sie zu dir passen, mein Junge, hoffentlich gefällt sie dir.

Jetzt werde ich Gebäck vorbereiten, das geformt ist wie Puppen, früher hast du es gern gemocht. Gewälzt, aufgegangen und oben bestreut mit zerkleinerten Nüssen und Puderzucker.
Hast du eine Frau gefunden, mein Junge?
Wenn du eine Familie in dem fernen Amerika hast, dann bring deine Frau mit. Und wenn sie nicht will, sag ihr, meine Mutter wartet schon ihr ganzes Leben auf mich, ich gehe nur, um sie zu sehen, bevor sie stirbt. Sie soll dich zu mir lassen, daß wir uns sehen, danach kannst du zu ihr zurückkehren.
Und wenn du keine Frau gefunden hast, komm allein, hier gibt es noch genug Frauen...
He, was klappert da draußen? Oder irre ich mich? Nein, es klopft jemand.
Der verdammte Vogel, ich glaubte, mein Sohn wäre gekommen, aber es war nur dieser verdammte Hahn! Mein Herz wollte stehenbleiben! Ach, gut, daß ich nicht gestorben bin! Ich muß doch auf meinen Sohn warten.
Am vergangenen Georgstag war ich krank, mein Junge, jedoch, ich wartete auf dich. Ich war eingeschlummert und träumte.
... Ich liege, du kommst, klopfst an die Tür.
»Mutter, Mutter, komm raus, ich bin wieder bei dir!«
Aber die Tür war innen durch einen Riegel verschlossen, und ein schwarzer Teufel hielt meine beiden Beine fest, drückte meinen Hals, ich konnte dir nichts zurufen.
»Laß mich los, Teufel, mein Junge ist gekommen, laß mich los, ich muß ihn empfangen, ein ganzes Leben haben wir uns nicht gesehen.«
»Nein,« sagte der Teufel, »ich werde dir deine Seele wegnehmen!«
»Ich gebe sie dir«, sagte ich ihm, »aber zuerst will ich meinen Jungen sehen!«

»Kommt nicht in Frage, nein, ich habe die Tür verriegelt, ich lasse den Schuft nicht hinein!«
Ich wollte aus dem Fenster springen, da wurde ich wach. Ich hörte jemand klopfen, stieg rasch die Treppe runter, öffnete, und was sehe ich?
Eine Zigeunerin. Ich gab ihr Brot und Käse, auch alte Kleidung, sie machte mir Zeichen, sie wollte mir wahrsagen. Sie nahm meine Hand. Und weißt du, was sie mir sagte? Sie las aus meiner Hand, daß ich einen Sohn in Amerika habe, sie wollte mir alles sagen, wenn ich ihr Geld gebe. Ich gab ihr alles, was ich von der Rente noch hatte. Er wird kommen, sagte mir diese Zigeunerin, dein Georg, nächstes Jahr am Georgstag wird er kommen, hier, in deiner Hand steht sein Weg vorgeschrieben.
Dasselbe, was mir die Engel, der heilige Georg und die heilige Maria sagten.
Deshalb warte ich auf dich.
Die verdammte Zeit will einfach nicht vergehen. Langsam vergeht sie. Die Stunden scheinen stehengeblieben zu sein. Auch die Sonne bewegt sich nicht.
»Ich bitte dich, Sonne, das ganze Leben hast du mir geschienen, geh heute rascher unter, um so früher wird mein Sohn kommen!«
Hört sie mich? Sie bewegt sich überhaupt nicht.
Ich werde die Nachbarin fragen.
»Nadja, wie spät ist es auf eurer Uhr, wieviel Stunden sind es noch bis zum Abend?«
»Warum willst du das wissen, Großmutter Daphina?«
Ich sagte es ihr.
»Woher weißt du, daß Georg heute abend zurückkommen wird?«
Alles erzählte ich ihr.
»Geh nach Hause, Großmutter Daphina, leg dich hin und mach dir keine Sorgen, wenn er kommt, werden wir ihn hören.«

Und die Frau sah mich erstaunt an.
Ob sie mich wohl für verrückt hält?
Ich bin nicht verrückt, mein Junge, aber mit meiner Geduld bin ich am Ende.
Weißt du, was es bedeutet, auf einen Sohn zu warten, einen Sohn, den du dein ganzes Leben nicht gesehen hast? Komm endlich, komm, ist dieses verflixte Amerika denn so weit, weiter als die Sonne kann es doch nicht sein!
Ich gehe ins Haus und warte wieder.
Eins, zwei, drei, vier, fünf, sechs, sieben ...
Ich habe schon fünfmal bis hundert gezählt.
Etwas hat sich die Sonne bewegt. Ein klein wenig, sie bewegt sich nach Westen.
Wer sitzt dort vor dem Haus?
Nadka, die Tochter meiner Enkelin Nadja.
»Nadka, da hast du Haselnüsse, geh in die Schule und sag deiner Lehrerin, wenn sie fertig ist mit der Arbeit, soll sie zu mir kommen, zu Großmutter Daphina, und sag, daß ich sie bitte zu kommen, ich muß sie etwas Wichtiges fragen!«
Wieder klopfte es. Es war die Lehrerin.
»Sag mir, Lehrerin, wie weit ist Amerika?«
»Ach, Großmutter Daphina, sehr weit.«
»Wie kommt man von dort hierher?«
»Mit einem Schiff, aber sehr lange fährt man.«
»Kann man auch anders reisen?«
»Man kann, über den Himmel mit einem Flugzeug, mit einem Aeroplan, mit ihm geht es schneller.«
Alles dies sagte mir die Lehrerin. Ich bot ihr Gebäck an, ich war ihr sehr dankbar.
Klar ist der Himmel. Hoffentlich bleibt er bis heute abend so, damit das Flugzeug schneller fliegen kann. Die Schatten werden langsam etwas größer.
Die Kinder kamen und spielten Ball auf dem Weg.
Ich fragte auch sie.

»Sieht man das Flugzeug, Kinder, wenn es über den Himmel fliegt?«
»Man sieht es, man sieht es, Großmutter Daphina, und man hört das Brummen der Motoren.«
»Wie?«
»Wie ein Autobus, aber stärker!«
»Also, man kann es sehen?«
»Wenn man es nicht sehen kann, wenn es zu hoch ist, dann bleibt eine weiße Spur hinter ihm, wie eine dünne, lange Schnur.«
Mein Gott, sehr hoch ist der Himmel, wo ist diese weiße Schnur hinter dem Flugzeug? Gott, wo ist sie, Augen, warum seht ihr sie nicht?
Hier ist sie! Ein weißer lebendiger Faden! Das ist es! Wirklich, dort ist das Flugzeug!
Er kommt!
Mein Gott, er kommt, endlich!
Mein Junge kommt, und ich bin noch nicht fertig.
Wo sind meine neuen Kleider?
Oh, hier, hier, in der niedrigsten Schublade, ich wickelte die Kleider in das Totentuch, damit sie fertig sind für das Begräbnis. Ich ziehe sie an. Und dieses, das schwarze Tuch, nehme ich jetzt nicht. Den Sohn empfängt man nicht in Schwarz. Das rote Kopftuch werde ich nehmen.
Ihr alten Zöpfe, jetzt wird euch eure Großmutter Daphina kämmen, sie festbinden, wie es sich gehört, wenn man den Sohn empfängt.
O Gott, hoffentlich zerspringt mir mein Herz nicht vor Freude! Hier kann ich mich sehen, im Fenster. Wie lange habe ich mein Gesicht schon nicht gesehen? Du bist alt geworden, Daphina, mit einem Bein stehst du schon im Grab, aber du hast ausgehalten.
Und dein Georg, ist er alt geworden? In dreißig Jahren, wieviel älter kann ein so starker Mann werden wie er...?

Jetzt setze ich mich und warte auf ihn.
Endlich geht auch die Sonne unter. Sie verstand, hat verstanden, daß mein Sohn kommen wird.
Es dämmert schon.
So, noch ein bißchen dunkler ist es geworden. Ah, endlich kommt der Abend ins Fenster.
Die Katzen sind nicht da, keine. Sie werden heute abend auch nicht kommen, die verdammten Hexen, wieso sollen sie auch, sie haben gesagt, er kommt nicht.
Aber das Fenster soll offenbleiben.
Es kommt jemand!
Jemand geht auf dem Weg...
Schnell.
Hier ist er, öffnet die Tür...
Es ist mein Junge, er ist es. So lange habe ich auf ihn gewartet! Mein Gott, mein Herz bleibt stehen.
Er kommt und lacht, der ganze Abend wird hell durch ihn.
Hier ist er, er lacht, wie er schon als Baby lachte.
Weiß sind seine Zähne, golden sein Haar, seine Augen blau...
»Mutter, Mutter.«

Weiß ist der Weg, auf dem Daphinas Sohn kam. Wie viele Leute sind auf ihm gegangen, wie viele Schwalben sind über ihn geflogen, wieviel Regen ist auf ihn geflossen, niemand weiß es genau, niemand kann es zählen.
Der Hauch des Meeres kommt auf dem Weg bis nach oben, der weiße Wind riecht nach Salz und anderen unbekannten Gerüchen, fremd und lockend.
Auf genau diesem Weg ging hinunter zum Meer und kehrte zurück

Manusch

Verschiedenes gibt es auf dieser Welt. Manches sieht man, manches erlebt man, aber es gibt nichts Größeres als die menschliche Seele. Und nichts Stärkeres als sie. Sie kann durch Feuer und Wasser gehen – und überlebt.
Mein Vater starb jung.
Meine Mutter starb noch vor dem Vater.
Ich zog in den Krieg.
Acht Jahre war ich fort.
Ich kam zurück.
Meine Frau war gestorben, auch die Kinder und meine Brüder.
Ich stand vor dem Haus und sagte mir – Ende!
Ich stand und wartete und hoffte, wenn ich mich noch etwas anstrenge, wird meine Seele wegfliegen. Ich bemühte mich, bemühte mich, aber sie hält fest.
Ich sehe, ich lebe.
Und allein blieb ich zurück.
Völlig allein.
Dann fragte mich ein Junge aus meiner Verwandtschaft:
»Onkel Manusch, warum stehst du schon drei Tage wie ein Storch barfuß auf einem Bein auf der Schwelle?«
Seit meiner Kindheit habe ich diese Angewohnheit. Ich schaue und denke nach. Die Gedanken bringen nichts

zurück, aber meine Seele lebt schon lange nur in Gedanken. Da denkt sie auf einem Bein, dann auf dem anderen. Vielleicht lebt sie deswegen so lange, weil sie nicht beide Beine ermüdet und mit ihnen umfällt.
Nichts habe ich erdacht, nur überdenke ich alles hundertmal, es kommt zurück und wird klarer. Was wegfliegen soll, fliegt weg, was bleiben soll, bleibt.
»Ganz allein bin ich«, sage ich zu dem Jungen.
Da kümmert er sich um mich.
Ich gab ihm alle anderen Zimmer im Haus. Für mich behielt ich nur einen Eckraum mit zwei Fenstern, von dem einen sieht man den Friedhof, von dem anderen den Weg.
Auf diesem Weg ging ich zum Meer.
Auf diesem Weg kam ich zurück.
Manchmal denke ich, ich bin vor langer, langer Zeit gestorben. Aber als ich starb, ging meine Seele nicht in den Himmel, sie blieb hier zurück. Sie braucht keinen Himmel, keinen Gott, ins Haus kehrte sie zurück. Sie sitzt am Fenster zwischen den Töpfen mit Geranien und schaut umher. Oben ist nur der Himmel, nichts für sie, hier, wo sie aufwuchs, fühlt sie sich wohl. Der Junge kümmert sich gut um mich, nur will er nicht, daß ich barfuß auf einem Bein auf der Schwelle stehe. Er glaubt, ich würde dann sterben, er weiß nicht, wie schwer es ist zu sterben.
Manchmal kommt er zu mir plaudern, er fragt, wie es im Krieg gewesen ist. Und ich erzähle ihm vom Meer...
Ich zog in den Europäischen Krieg.
Kaum begonnen, war er für uns schon vorbei, wir wurden Gefangene der Engländer, die Engel nannten wir sie.
Es ist schrecklich, gesund in Gefangenschaft zu geraten.
Die Engländer trieben uns auf einen Platz, wo wir das Meer sahen. Ohne Ende ist dieses Lebenswasser, lebendiger als ein Mensch, und mit nichts kann man es erfassen. Es spielt mit der Sonne, und mit dem Wind spielt es, atmet tief und wirft

die Wellen an den Strand und leuchtet ... Woher kommt dieses Wasser, wohin fließt es, wer hat es geschaffen, ein Geheimnis.
Die Engländer sagten uns, daß sie uns über das Meer in das Gefangenenlager führen werden.
Ich fragte mich, wie wir drüber kommen sollen.
Die Luft über dem Wasser flimmert, ein goldenes Flimmern. Und die Meeresadler fliegen darüber, so schöne Adler hatte ich bisher noch nicht gesehen. Werden wir mit ihnen über das Meer fliegen?
Dann kam das Schiff. Über das Meer kam ein großes, schönes Dampfschiff. Es pfiff so laut, daß man glaubte, Gott bläst auf tausend Hörnern. Wie Schwerter waren ihre Pfiffe.
Das Wasser öffnete sich, gab den Weg frei ...
Ich traute meinen Augen nicht!
Wie soll ich auf das Schiff kommen, dachte ich, es schaukelte, schaukelte, es wird die Beine unter mir wegziehen. Es muß sein. Ich schloß die Augen und betrat es. Betrat es, und meine Seele sprang. Ich hielt sie fest, damit sie nicht wegsprang.
Und das Schiff fuhr los.
Tag und Nacht fuhr es auf dem Meer.
Ein Engländer sagte, wer will, kann nach innen kommen, und zeigte dorthin.
Ich stieg die Treppe hinunter. Wie ein Palast war es hier. Alles gab es, Zimmer und Zimmerchen, Korridore und Korridorchen, Geländer, Veranden von allen Seiten, und große Blumen wie Bäume ...
Das Schiff war englisch, und die Engländer waren bekleidet wie Marinesoldaten.
Das Schiff war weiß, sie waren weiß. Der Kapitän, groß, schlank, wie eine Bohnenstange, würde man ihn ins Wasser halten, könnte man die Tiefe mit ihm messen.
Innen war es voll. Alles Gefangene. Meine Seele wollte nach draußen. Ich ging hinaus. Meine Seele zog es zum Meer. Hier

fühlte sie sich wohl, hierher gehörte sie, hier war ihre Heimat. Was für ein Schicksal hatte sie, mit mir in den Bergen geboren zu sein.
Weit und breit nur Wasser, und ich hatte keine Angst davor. Alle fragten mich, warum ich nicht drinnen bliebe. Sie hielten mich für verrückt!
Ich sah den Matrosen zu, wie sie arbeiteten. Ich begriff schnell. Einmal sah ich, daß niemand am Steuer war, ich gleich hin.
Meine Seele ergriff das Steuer, einmal hin, einmal her, sie steuerte das Schiff. Es fuhr geradeaus.
Ich weiß nicht, wieviel Zeit vergangen war.
Wir waren in der Ägäis. Der Abend war dunkel.
Erst später verstand ich alles. Am Nachmittag betrank sich der Steuermann, er war völlig blau, und ich steuerte das Schiff.
Donnerwetter, die Engländer und alle anderen haben auf mich geschaut, wie man auf einen wichtigen und gelehrten Mann schaut.
Sie kamen und wunderten sich.
Ein Engländer sagte, daß ich die Situation gerettet hätte, das Schiff war nicht auf Steine gelaufen, die es unter Wasser massenhaft gab. Und sie überzeugten mich, daß ich ein Matrose sei. Aber ich war doch zum ersten Mal auf dem Schiff.
Abends gaben sie mir englisches Essen.
Die Nacht kam.
Meine Seele sah wieder alles. Alle Sterne kannte sie.
Auf einmal kam Bewegung in das Wasser. Es kam ein Wind auf, drehte es förmlich um. Eine Böe stürzte herab, warf die Wellen auf die Gegenseite.
Den anderen wurde schlecht, sie stöhnten, warfen sich hin, erbrachen, ihre Köpfe schmerzten, ihre Mägen drehten sich um. Mir war nicht übel. Meine Seele war ganz ruhig und bewegte sich nicht, sie war nicht krank.

Ich half den anderen. Einem brachte ich eine Tomate, er erbrach Wasser und rief, daß ihm nur Tomaten helfen würden. Auch ein Gefangener. Als er zu sich kam, erzählte er mir folgendes. Er wäre schon auf allen Meeren gewesen. Und sagte, dort, wo sich die Meere treffen, heißt es Ozean, dort hätte er Land, seine Insel mitten im Ozean, und angeblich besitze er das schnellste Dampfschiff, hundertmal stärker als dieses.
»Laufen wir weg«, sagte er, »laufen wir weg, Manusch, ich nehme dich als Matrose auf mein Schiff! Einen Palast werde ich dir auf der Insel bauen und gebe dir soviel Frauen, wie du willst, verschiedene nach Farbe und Schönheit, nur komm, um mein Schiff zu steuern. Was du willst, werde ich dir geben! Überall auf der Insel habe ich Gärten, wenn du von dem Obst kostest, glaubst du, du kostest von der Sonne, laufen wir weg!«
»Warte, Mann, warte, was erzählst du, ich bin doch kein Matrose...«
»Nein, du lügst, du verkriechst dich«, sagte er, »du bist ein richtiger Matrose!«
»Nein, bin ich nicht, Mann, bin ich nicht...«
»Deine Hand ist wie Eisen, Handel wirst du für mich treiben, ich brauche so einen wie dich, laufen wir weg!«
»Im Dorf bin ich geboren, Herr, ein Bauer bin ich...«
»Deine Seele ist von einem Matrosen, Manusch, sie kannst du vor meinen erfahrenen Augen nicht verstecken!«
Und wieder wurde ihm schlecht, er warf sich hin und her und phantasierte, aber er wiederholte immer dasselbe.
Wer weiß, was geschehen wäre, wenn er nicht gestorben wäre. Als wir das Schiff verließen, sah ich ihn nicht mehr unter den Lebenden. Ich fragte einen Engländer nach ihm, er zeigte auf den Sarg mit dem Toten.
Wir kamen an einen Strand. Nur Sand, goldenes Flimmern und Meer. Und heiß. In der Mitte dieses Landstriches war

ein hoher Sandhügel. Um den Hügel lagen die Städte wie ein Gürtel.

Sie brachten uns nach oben, auf dem Gipfel war das Gefangenenlager mit den Zelten, umgeben mit Stacheldraht. Von dort sah man noch viele Städte in der Ebene, und das ganze Land ringsum hieß Meser, so nannten wir es, das soll altes Land bedeuten. Das Meer konnte man von dort noch weiter sehen, und in das Meer mündete der Himmel.

Von dieser Anhöhe schaute meine Seele direkt ins Meer, nur das Meer sah sie.

Wir lagen unter den Schirmen. Es gab keine Arbeit. Nur wenn ein Engländer rief, gab es Kleinigkeiten zu tun. Kaffee für ihn zu kochen, Getränke einzugießen, die Zigarre bereitzuschneiden.

Wir saßen so herum. Sie brachten uns das Essen mit Kamelen von einem Markt aus der Ebene. Wir schauten und warteten. Wir wußten nicht, erwartet uns noch etwas oder nichts mehr. Ein Jahr verging, zwei, drei, wir zählten sie nicht mehr.

Alle Drähte haben wir gezählt, alle Nägel, mit denen der Zaun befestigt war, tausend und mehr Nägel...

Wir schliefen, wir erwachten.

Und unten sahen wir, wer vorbeiging und wer wegging.

Nachts konnten wir in der Ferne die Lichter der Städte sehen, unser Lager lag höher.

Meine Seele schaute morgens aufs Meer.

Den ganzen Tag nur Sonne, nachts Sterne, wie Rubine waren sie am Himmel verstreut...

Es gab keinen Schnee, keinen Frost, keinen Wind, keinen Nebel...

Von den Feldern wurde nur geerntet und wieder gesät, es gab kein Umgraben, nichts, alles reifte allein und fiel herunter, wenn man es nicht erntete.

Alles kommt und vergeht, man kann sagen, daß sich nichts bewegt, daß die Zeit stehengeblieben ist. Sie kommt von

Nirgendwo und geht nach Nirgendwo. Man glaubt, die Welt steht still. Bis zu einer gewissen Zeit unterhielten wir uns, später haben wir damit aufgehört, jeder kannte schon die Worte des anderen. Und unsere Seelen blieben hängen an den Schirmen, an den Drähten, an den Nägeln. Einem blieb seine Seele in den Beinen, und er schlief nur noch. Einem anderen in der Mütze, und er schaute nur...
Meine Seele blieb auf der Anhöhe und sah ins Meer.
Sein Blau wird mittags gelb, abends rot, nachts silbern, morgens weiß.
Im ersten Jahr überlegte ich alles, später dachte ich mir Sachen aus, die es gar nicht gab, gar nicht geben wird, aber meine Seele sah alles völlig klar.

... Ich fahre auf dem Meer und werde Matrose. Auf einem weißen Schiff bin ich und befördere die Leute. Ich erzähle ihnen von dem Meer, wo es anfängt, und wo es endet, welche Winde es gibt, und welche Stürme. Aber ich weiß, wie ich das Schiff gut steuere, nichts kann geschehen. Ich weiß, welche Sterne über welchem Meer leuchten, und den Weg der Winde kenne ich. In jedem Land habe ich einen Palast gebaut, wo die Reisenden ausruhen können, wenn sie die Länder bereisen wollen. Und jede Sprache beherrsche ich.
Ich erreiche auch den Ozean. Dort finde ich die Insel jenes Herren, der gestorben ist. Ich kümmere mich um seine Gärten, um sie zu erhalten.
Und meine Leute aus dem Dorf hole ich auf das Schiff, damit auch sie die Welt sehen. Ihre Seelen sollen sich füllen mit dieser Weite, sie sollen die Meere kennenlernen und welterfahrene Menschen werden.
Es ist etwas anderes, wenn man die Welt kennt, es ist etwas anderes, wenn man nur ein Dorf kennt!
Wenn ich als Matrose ins Dorf komme, von oben nach unten gehe, werden sie mich als Zar des Wassers ansehen, ich werde

ihnen von den unbekannten Ländern erzählen, damit auch sie mehr von der Welt wissen.
Wenn du die Welt kennst, kann dich das Alter und die Einsamkeit nicht besiegen!
Meine Frau wird auch die Frau des Zaren aller Meere, und unsere Kinder werden als Meeresgeschlecht entstehen, die ersten im Dorfe! Dieses Geschlecht wird dem Dorf die Tore öffnen, die Welt wird hineinkommen, und es noch schöner machen.
Eine große Sache ist dieses Wasser!
Wenn du dein Leben auf dem Wasser verbringst, wirst du ein großes Leben haben und wirst dich vor nichts ängstigen.
Wenn du einmal im Sterben liegst, wird es ein anderes Sterben sein. Es hat seine Bedeutung, wie ein Mensch stirbt, so hat es auch seine Bedeutung, wie er lebt.
Halte aus, Manusch, du mußt wissen, wenn du als Matrose stirbst, wird deine Seele sich in ein Meer verwandeln, und auf diesem Meer werden nur weiße Schiffe schwimmen! Ein weißes Schiff wird deine Seele werden, und wenn es erscheint, wird ein Schwarm weißer Schiffe ihr folgen...

Eines Morgens gab man uns viel zum Essen, sie brachten uns von dem Hügel wieder an die Küste. Von hier fuhren sie uns mit einem weißen Schiff auf die andere Seite des Meeres, woher sie uns damals geholt hatten.
Und Schluß, leb wohl!
Der Krieg war aus. Die Staaten haben sich verständigt und tauschten ihre lebenden Kriegsgefangenen aus.
Die Engländer entließen uns. An der gegenüberliegenden Küste haben uns Leute vom Schiff gebracht, die schwarz wie Teufel waren, und sie sagten zu uns, jeder kann dorthin gehen, woher er kam!
Ich blieb am Ufer stehen. Meine Seele wollte nicht gehen. Sie wollte nicht ins Dorf zurück, das Meer war ihr Ziel, das Meer waren ihre Gedanken.

Sie breitete ihre Schwingen aus und wollte mit den Meeresadlern davonfliegen.
Ich hielt sie fest. Warte, sagte ich zu ihr, warte, wir werden ins Dorf heimkehren, um unsere Verwandten zu sehen, wir sehnen uns doch nach ihnen, und sie sich nach uns, aus einer anderen Welt kommen wir, und später werden wir wieder zurück ans Meer gehen, dann wird das ganze Wasser dir gehören!
So erzählte ich ihr, inzwischen war es dunkel geworden, die Nacht deckte das Meer zu und wurde eins mit ihr.
Dann ging ich los.
Geradewegs ins Dorf!
Ich eilte, die Familie zu sehen.
Aber alle waren tot.
Nur Steine empfingen mich...
Ich ging zum Friedhof, aber kannst du den Steinen etwas sagen? Und seit damals führe ich Selbstgespräche. Nicht daß ich verdreht wäre, aber meine Seele hat sich verschlossen. Sie will nirgendwo hingehen. Nur dort will sie hin, wo sie weiß, daß sie zum Meer kommt. Das Meer ist für sie der einzige Weg – warst du einmal dort, mußt du immer wieder zu ihm.
Jetzt gibt es für mich nur zwei Gedanken.
Am Tage besuche ich den Friedhof. Nachts erinnert sich meine Seele ans Meer und geht zu ihm.
Vielleicht deswegen, weil das Meer in meiner Seele geblieben ist, kann sie nicht zusammenbrechen.
... Es gab einen Alten im Lager, auch ein Gefangener. Mit niemandem unterhielt er sich. Er sprach nur zu sich selbst. Aber er verstand alle Sprachen und beherrschte sie wie seine Muttersprache.
Einmal sprach ihn ein Engländer an. Aber er antwortete, er will nicht reden, denn niemand weiß, was in seiner Seele vorgeht, und kann ihn nicht verstehen. Er selbst sagt seiner Seele, was sie hören will...

So war es auch jetzt mit mir.
Jahre vergingen.
... Es gab noch einen anderen im Lager, aus Bimbinistan war er oder anderswoher. Er saß mit seiner Seele unter einem Schirm, und keiner durfte sich ihm nähern. Er erklärte, er sei der Herrscher Pharao.
»Und ich bin sehr reich«, sagte er, »diese Erde und jene Städte in der Ferne gehören mir, und Paläste habe ich überall mit Springbrunnen und goldenen Fischen, und tausend Schönheiten, und fünftausend Menschen bedienen mich!«
Er wollte nicht von den Speisen essen, die uns die Engländer gaben.
»Wenn ihr mich sterben laßt«, sagte er den Engländern, »wird der Himmel Blitze und tausend Donner schicken und euch alle töten, ihr, die ihr keine Hochachtung vor dem Herrscher Pharao habt!«
Zuerst dachten wir, daß er nur so tue, daß er die Engländer zum besten halten wollte. Aber als er den ganzen Monat keinen Happen in den Mund steckte, verstanden wir, daß es anders war. Wenn er auf dem Hügel spazierenging, schritt er wie ein Herrscher. Wenn er jemand ansah, blieb der achtungsvoll vor ihm stehen. So eine Macht ging von ihm aus, es war klar, er war nicht verrückt.
Einmal fragte ich ihn:
»Bist du verrückt, Mann, oder kommst du aus einem verrückten Staat?«
»Ich bin nicht verrückt, Matrose, ich bin wirklich Pharao nach meiner Seele!«
»Mann, siehst du nicht, daß du Lumpen am Körper hast wie wir, wenn die Engländer einen Herrscher gefangengenommen hätten, würden dich die Staatsführer doch nicht hierlassen!«
»Nichts versteht ihr«, sagte er, »warum sitze ich hier und spreche mit gewöhnlichen Sterblichen!«

»Sag, Mann, ärgere dich nicht, sag, wenn du mit den Herrschern ebenbürtig bist.«
»Gut, Matrose, ich werde es dir sagen, denn in dir ist keine Bosheit und kein Neid, nur reine Neugierde. Höre, es ist so. In mir lebt die Seele des großen Herrschers Pharao, der vor tausend Jahren starb. Du mußt wissen, daß die Seelen nicht verlorengehen, wenn das Menschliche im Menschen stirbt. Aber nur die großen Seelen gehen nicht verloren. Sie kommen zurück und leben in den Menschen weiter, die ähnlich sind wie sie. Auch in mir lebt so eine Seele, und ich führe ein Leben, wie er es lebte vor tausend Jahren. Alles hier gehörte ihm. Und deshalb ist Macht in mir, deshalb seht ihr mich hochachtungsvoll an, und meine Macht fühlt man kilometerweit!«
Es war wirklich so. Geboren war dieser Mensch mit der Macht, und das merkte man. Denn wenn man sich so etwas ausdenkt oder später nachmacht, wird man es erkennen...
Ich frage mich, ob in mir nicht die Seele irgendeines großen Matrosen von vor tausend Jahren lebt?
Das weiß niemand. Das kann mit Sicherheit keiner bejahen, das kann mit Sicherheit keiner verneinen.
Im Dorf gab es einen Pferdeknecht. Er arbeitete damals bei den Herrschaften. Ein Analphabet war er. Er konnte nicht schreiben, hat auch die Schule nicht besucht. Aber man mußte sich über ihn wundern. Er sprach so, daß niemand wagte, ihm zu widersprechen, auch die Popen und die Hodschas hörten ihm staunend zu. So konnte er die Worte wählen wie in einem Lied, sie blieben in den Ohren und kamen nicht heraus. Wenn man ihn hörte, wünschte man sich, daß man selbst solche Worte finden könnte, so schön erschienen sie einem und erwärmten das Herz.
Das Leben des Pferdeknechts war wie das einer Blume. Gerade als er erblühte, starb er. Vielleicht hatte in ihm die Seele eines großen Erzählers weitergelebt, aber wie soll man das wissen.

Das ist ein Geheimnis wie der Tod.
Die meisten Sachen sind geheimnisvoll. Verschiedenes gibt es auf dieser Welt. Manches sieht man, manches erlebt man. Auch das Meer kann eines Tages in den Ozean wegfließen, und der Ozean in die Erde, und die Erde in die Sterne, und die Sterne in etwas anderes.
Nur die Kraft, die deine Seele hält, kann es nicht. Die Kraft bleibt, wie sie ist.
Immer verborgen und unerkannt!

Spät am Nachmittag beginnen die Schatten der Abhänge unheimlich zu wachsen und malen auf der Erde schreckliche Ungeheuer. Wenn der Abendstern über den Gipfeln aufgeht und die Fenster mit seinen kalten Flügeln berührt, beginnt die Zeit der Dämmerung.
Es ist eine angenehme Zeit, wo man alles hinter sich lassen kann, wo man dem Tagesende entgegensieht und man schon entfernte Schritte des Abends hört. In dieser Stunde kann man die Sonne wie auch die Schatten sehen, kann man hören, wie die Erde erkaltet, wie der Wind zerstreut

Eine Handvoll Staub

Der Mensch ist aus Staub gekommen, und zu Staub wird er werden. Ein Häufchen Staub kann nichts erzählen, bei ihm bleiben die Menschen nicht stehen, um zu hören, wie er zerfällt.
Auch wenn sie ihn hören, wer wird seine Stimme verstehen. Dies weiß ich schon seit meiner Kindheit.
... Ich war acht Jahre alt. Wir wohnten noch im alten Haus. Und Mutter hatte mir befohlen, auf Nikulinka aufzupassen. Sie, meine kleine Schwester, war gestorben.
Gerade begann sie zu laufen, da fiel sie ins offene Feuer. Und sie legten sie in den kleinen Sarg, bereit für das Begräbnis. Aber ich glaubte nicht, daß sie gestorben war, und öffnete mit zwei Stäbchen ihre Augen, um zu sehen, ob sie sich bewegten.
Mutter sagte mir, ich solle aufpassen, daß das Kätzchen nicht über sie springt. Wenn es über sie springt, wird sie ein Geist werden.
So wurde es uns überliefert, daß die Toten, die übersprungen wurden, Geister werden und dann im Haus herumspuken, um sich an den Lebenden zu rächen.

Aber ich glaubte es nicht.
Ich ging, fing das Kätzchen, es wollte nicht springen. Ich schubste es, aber es sprang nicht richtig.
Wir haben Nikulinka begraben.
Ich glaubte es nicht.
In der Nacht wartete ich, wartete, ob ihr Geist kommen würde, nichts geschah.
Nur der Staub blieb.
Im folgenden Jahr blieb auch von der Mutter nur das.
Sie legte sich auf die Bank am Ofen, was für ein schönes Brot hatte sie gebacken, und sagte:
»Ich fühle mich wie ausgedörrt.«
Und nach drei Tagen war sie völlig hinfällig, sie starb.
Und wieder nichts.
Man bemerkte nicht mehr, daß sie einmal auf der Bank gelegen hatte.
Der Vater sagte:
»Ja, so ist das. Uns alle erwartet das, aber bis dahin müssen wir noch essen.«
Und er schickte mich in die Stadt als Dienstmädchen.
In ein reiches Haus von dem Zahnarzt Stoizow.
Als ich kam und sie alle sah, ihn, die gnädige Frau, die beiden Mädchen, sagte ich mir, auch sie werden eines Tages sterben.
Und die Lehrerin, ein wichtiges Fräulein, die die deutsche Sprache unterrichtete, auch sie...
Die Stadt war voll von schönen und prunkvollen Häusern, von vielen Menschen und Märkten, schreienden Farben, pulsierendem Leben, fahrenden Automobilen, Leute, die sie steuerten, Springbrunnen in den Gärten, und auch dort voll von Menschen, Menschen, Menschen...
Aber ich betrachtete sie alle und sagte mir, das alles hier, was sich jetzt bewegt und atmet, ist sterblich, es wird zu Staub zerfallen.

Ich fegte, wusch, kochte, polierte ihre schönen Stühle, ich betrachtete mich in ihren Spiegeln, und wieder sagte ich mir, nichts wird bleiben, nichts, dieser Stuhl wird länger dasein als der Mensch, länger!
Es kam der Sommer, die Sonne, alles blühte, da öffnete sich ein anderes Grab.
Der Vater wurde krank und starb.
Wir trugen auch ihn in die Kirche, dann in das Grab.
Man schloß den Sarg, und Schluß!
Was für einen schönen Bart hatte er, wie hat er ihn gepflegt...
Ich fragte mich, wird auch ihn die Erde aufnehmen, auch ihn!
Später wird man gar nicht erkennen, daß ein Mensch mit so einem schönen Bart diesen Weg gegangen ist.
Alles vergeht.
Nach dem Begräbnis kehrte ich zurück und blieb noch einige Zeit bei dem Zahnarzt Stoizow.
Ich deckte ihnen die Eßtische schön, die Gnädige liebte es, Gäste einzuladen.
Ihre Kleider raschelten, die Frauen trugen die seidenen Roben bis auf die Erde, die Schuhe der wichtigen Herren klapperten, ich bediente sie, bediente, aber ich wußte, auch sie tragen in sich ein bißchen Staub, ein bißchen Erde...
Für mich war es lächerlich, wie wichtig sie sich nahmen.
Wußten sie nicht?
Geschmückt, herausgeputzt, sie bewegten sich, sie aßen, sie stolzierten wichtig umher...
Ich schaute und sah in ihnen nur ein bißchen Staub, bekleidet mit Festkleidern, mit Hosen, stolz waren sie, und mich überkam ein Lachen...
Einmal kam die liebste Freundin der Gnädigen. Auch eine Gnädige. Wenn sie in ihrer rauschenden Robe vorbeiging, war es, als ob ein ganzer Wald von einem großen Wind hin und her bewegt würde. Wußte sie nicht, daß auch sie eine

Handvoll Staub erwartet? Das wollte sie gar nicht wissen. Man kann sagen, daß diese Dame aus Holz war, nicht aus Fleisch.
Meine Gnädige sagte mir:
»Griwnia, serviere der Frau Matrakalewa den Kaffee so, wie sie ihn wünscht! In einer kleinen Tasse mit goldenem Boden, ohne Zucker.«
Und die verdammte Frau Matrakalewa sah aus, wie eine alte Ameise! Auch ihr Gesicht war wie das einer Ameise, die Haare zu einem Dutt hinten zusammengebunden, die Arme sahen aus, wie Ameisenbeine in Spitzen. Sie streckte die Arme aus, nahm die Tasse und sit, sit, sit, trank sie den Kaffee in kleinen Schlückchen, ihre schmalen Lippen bewegten sich nicht, auch das Gesicht nicht, so paßte sie auf.
Immer sagte sie:
»Ich tue dies, damit die Form meines Mundes nicht verdorben wird, und nicht eine Falte, nicht eine Falte darf auf meinen Wangen sein!«
Ich mußte lachen, kaum konnte ich es unterdrücken.
»Griwnia, warum lachst du so ungezogen?« wollte die Gnädige wissen.
Sie drängte, ich solle es sagen, beide Damen wollten es unbedingt wissen und gaben keine Ruhe.
Und dann sagte ich es ihnen, sagte ihnen, warum macht sich die Frau Matrakalewa um ihre verflixten Falten so viel Mühe, denn der Erde, die auf sie wartet, ist es völlig egal, ob sie Falten hat oder keine, die Erde wird sie schlucken, aber ihre Seidenkleider werden sie überleben!
Von diesem Augenblick an war ich unerwünscht.
Mit dem Beutel zurück ins Dorf!
Was soll ich in der Stadt weiter machen?
Im Dorf schätzte man mich, ob man in der Stadt ist oder im Dorf, sie, die Erde, fragt nicht danach, letzten Endes führt der Weg immer zu ihr...

Als ich nach Hause kam, begrub ich mein zweites Schwesterchen, später das dritte.

Durch diese verfluchte Armut starben die Menschen wie Fliegen.

Unser Haus war alt. Es schwankte, konnte jede Minute zusammenfallen. Ihre Wände ächzten, ihre Balken knarrten, und Spinnengewebe war überall! Wenn der Wind das Haus nachts hin und her schaukelte, wenn es mit Schnee bedeckt war, wenn Eiszapfen es schmückten, war es nahe am Zusammenbrechen. Und Schatten, drinnen lauter Schatten. Ich konnte mich nicht von ihnen befreien.

Einsam war ich.

Und dann, natürlich wartete die Arbeit, das Leben ging weiter, die Felder mußten bewirtschaftet werden.

Groß und schön war ich geworden.

Es gab einen Mirtscho, Gott hab ihn selig, einen Blumenstrauß mit einem silbernen Geldstück schickte er mir als Zeichen, das heißt, er wollte mich heiraten. Aber ich wollte ihn nicht, weil er mir nicht gut erschien, für ihn zählten nur Hab und Gut und Goldstücke. Glaubte er, er könne alles ins Grab mitnehmen?

Aber meine Tante nahm das Geschenk an und gab ihm das Jawort. Doch ich wollte nicht. Mir gefiel Dobri. Also verkaufte ich ein Feld, davon bezahlte ich Mirtscho für das zurückgegebene Geschenk und für das nicht eingehaltene Wort, so war es damals. Nahmst du dein Wort zurück, mußtest du bezahlen.

Ich heiratete Dobri.

Wir rissen das alte Haus ab.

Vom Fluß holten wir schöne Steine und bauten ein neues Haus. Die Kinder wurden geboren, lauter Mädchen, alle sind wieder gestorben.

Später wurde Bosilka geboren. Sie blieb am Leben. Ein halbes Leben lang, dann starb sie an einer Krankheit.

Auch Dobri starb, er war ein guter Mann.
Wie viele gute Menschen starben ...
Nichts ist von ihnen geblieben.
Ich blieb am Grab stehen und rief ...
Siehst du, Griwnia, siehst du die Häufchen Staub! Tod, Tod, Tod ... nur Tod!
Es ist genug, wofür ist der verdammte Tod gut, für nichts, nichts!
Warum muß der Mensch sterben, er ist doch etwas wert!
So war mein Schicksal.
Von allen Seiten um mich herum nur Tod, und ich in der Mitte von dem Totenfeld, im Haus, allein, lebendig!
Nur die Kleidung blieb von meiner Familie übrig. Nur Lumpen!
Und der Mensch lebt weiter.
Nichts von ihren Seelen blieb zurück, keine Geister, keine Schatten, keinerlei Zeichen. Wenn sie wenigstens Hausgeister geworden wären.
Die anderen werden nicht wissen, daß sie einmal gelebt haben. Große Wut überkam mich! Niemand wird es erfahren! Wir werden sehen!
Von dem vielen Sterben um mich herum wurde ich krank, ich bekam einen Husten. Ich kaufte mir Mastika (Anisschnaps). Dadurch wurde mein Husten betrunken. Ich hustete, hustete, mir schien, ein ganzer Teller sei mir im Halse steckengeblieben und wollte nicht verschwinden. Nur der Schnaps schob den Husten nach unten. Und die Gräber in mir wurden lebendig, wurden warm ...
Meine Beine taten so weh, als ob in ihnen die Wurzeln sprossen. Auch sie zogen nach unten.
Hier läuft die Zeit, die Uhr tickt, sie ist von Dobri geblieben, sie tickt, und die Stunden gehen dahin, ich höre die Hufe der Zeit, aber ein langes Leben wurde mir vom Schicksal geschenkt.

Ich dachte, dachte nach, dachte, dachte nach, also das verdammte Grübeln ließ mich nicht los, verdammter, verfluchter Teufel!
Wirst du den Tod überlisten, Griwnia, wirst du dich rächen? Ja, ja.
Ich sah die Kinder sterben, die Verwandten sterben, die Männer sterben, die Mütter...
Jeder Mensch stirbt. Nur das Nichtmenschliche, das nicht aus Fleisch und Blut ist, nur das ist stärker, lebt länger, ist unvergänglicher.
Ich setzte mich an den Webstuhl.
Und ich begann zu weben.
Zeigen werde ich es dir, du verdammter, verdammter Tod, du wirst schon sehen!
Alles webte ich in die Stoffe, die Matten, die Läufer, die Schmuckdecken, die Wolldecken, in alles mögliche! Nur die Hände blieben mir noch, wenigstens durch sie soll etwas Unsterbliches entstehen. Etwas, was nicht in die Erde kommt, was nicht zu einem Häufchen Staub wird.
Auf dem Webstuhl habe ich die Toten zum Leben erweckt. Jetzt kann sie der Tod haben.
Da sehen sie es, diese Matte hier. Die schwarzen Muster auf ihr sind die Zöpfe von Bosilka, geflochten habe ich sie gewebt. Ihre Augen, das sind die braunen Muster. Und ihr Gesicht ist das Rosige. Und hier fädelte ich ein, fädelte die Blätter des Webstuhls ein, so lernte ich, den ganzen Namen zu schreiben. Bosilka. Mit Efeublättern verrankt.
Ich weiß, diese Matte wird bleiben. Die Leute werden sie beschauen, werden sich wundern, warum diese Matte den Namen Bosilka trägt. Aber so ist es. Man wird wissen, daß meine Tochter gelebt hat. Auf der Matte sind auch Veilchen eingewebt, denn ihr Gesicht ähnelte sehr einem Veilchen.
In der anderen Webarbeit ist Dobri. Die ganze Decke ist er. Braun. Braun war mein Mann, wie der Nußbaum im Hof.

Stark. Er hatte Kraft und klare Augen. Wie ein Nußbaum. Deshalb habe ich in die ganze Decke diesen Nußbaum gewebt. Ein Jahr lang spannte ich die Kettfäden.
Aber wie schön wurde er. Aus einem Häufchen Staub ist er auferstanden.
Hier habe ich die Mutter in diese Schürzen gewebt, wo die blauen Hyazinthen sind. Sie war sehr fleißig und liebte die Hyazinthen. Im Garten hatte sie diese duftenden Blumen, sie riechen sehr gut, so also werden sie bis in die Ewigkeit duften.
Und der Bart des Vaters, wie er mir in Erinnerung war, ist in der weißen Schmuckdecke. Ein sauberes Weiß, denn sein Bart war reinweiß, sehr schön! Am Rande habe ich kleine schwarze Münzen gemacht, seine Augen waren schwarz. Und sie bewegten sich wie Münzen in den Ohrringen.
So habe ich auch ihn vor dem Staub bewahrt. Gerettet.
Nikulinka ist auf dieser Bettdecke. Das Schwarze ist das Kätzchen, das Rote ist sie, sie hatte rote Wangen, das Gelbe ist ihr goldenes Haar.
Und meine anderen Schwestern sind in die Läufer gewebt. Eine in den grünen Blättern, das heißt, sie hatte grüne Äuglein, die andere in die braunen Pferde, weil alle gern auf den Pferden ritten ...
Auch die Damen aus der Stadt, von einst aus dem Haus des Zahnarztes, habe ich gewebt. Sie sind schon lange zu einer Handvoll Staub geworden.
Die Gnädige hatte ein Gesicht wie ein Hase, also ist sie die Häsin auf der Decke, in weißen Kleidern, und die kleinen Ameisen, das ist Frau Matrakalewa. Auch sie habe ich aus der Handvoll Staub herausgezogen und auf die glatteste Matte gegeben, damit ihr Herzenswunsch in Erfüllung geht und sie ohne Falten bleibt. Darum waren sie mir damals böse.

Der Zahnarzt Stoizow ist diese graue Buche, er war einer Buche ähnlich, mit Mausaugen, ein lebhafter Mensch war er...

Die Truhen hier sind voll mit dem Gewebten. Alles ist hier. Die Leute werden erstaunt sein über die roten Spukgestalten, die grünen Hausgeister, jene schwarzen Nachtgespenster, die bunten Spinnweben. Sie sind aus unserem alten Haus! So war es damals.

Jetzt sammle ich hier die Lumpen zusammen, um das neue Haus zu weben. Das, welches wir, Dobri und ich, zusammen gebaut haben und von wo sie mich einmal zu Grabe tragen werden. Das ganze neue Haus werde ich weben. Mit gelben Wänden, mit weißen Steinen, die wir damals sammelten, mit noch weißeren Fenstern. Und auf das Dach werde ich die Jahreszahl schreiben, in der wir es bauten, daneben die Namen – Dobri und Griwnia.

Auch mich habe ich verewigt. Hier, in diesem Läufer, der für das große Zimmer ist. In Schwarz und Weiß. Schwarz war mein Haar, weiß ist es geworden. Blaue Räder stellen meine Augen dar. In der Mitte ein ganz schwarzes Rad, das ist mein Platz. Hier werde ich zu Staub zerfallen. Um mich herum, von allen Seiten, diese goldenen Fäden sind Sonnenstrahlen. In ein schwarzes Rad steckte mich das Leben, so habe ich es verbracht, aber von außen erwärmte mich die Sonne, so wurde ich hundert Jahre alt ... Der Mensch ist aus Staub gemacht und wird wieder zu Staub.

Nein, soviel Tod genügt, ich habe schon genug davon!

Soll die Erde mich bedecken, wie sie alle bedeckte und schluckte, aber in meinen Webereien wird man sehen, daß wir gelebt haben. Es ist so, als ob wir nicht gestorben wären. Denn das Gewebte wird überleben. Dadurch habe ich dem Tod eine Menge Menschen entrissen.

Wenn sie es wüßten, wenn sie es wissen könnten, würden sie sich darüber sehr freuen.

Meine Hände, auch sie werden bald zu einer Handvoll Staub werden ...
Aber noch sind wir hier, in den gewebten Sachen, dieser verdammte Tod, möge er seinen Staub hinter uns verstreuen, möge er denken, daß er uns schon getötet hat, Verfluchter! Aber so wird es nicht sein.

Auf dem gegenüberliegenden Ufer des Flusses gibt es eine große Wiese, die man von überall sehen kann. Dort ist das Gras immer grün.
Unter ihr liegt das Dorf der Toten.
Abends, wenn die Stimmen ringsumher verstummen und die Dämmerung ihr feines Kleid über die Hänge ausbreitet, springen die Schatten hervor und eilen zu dieser Stelle, um sich zu treffen.
Dann, auf dem Pfad nach oben zum Friedhof, eilt ein großer, hagerer Schatten, aber er kommt nicht aus der Erde, er kommt aus dem Dorf.
Es ist kein gewöhnlicher Schatten, es ist eine Frau,

Tishina

Komme ich auf den Friedhof, ist es so, als ob ich schon gestorben wäre.
Der Friedhof liegt gegenüber von unserem Dorf, inmitten der Wiese am Hang.
Auf der anderen Seite sind Häuser, eins über dem anderen, eins über dem anderen.
Unten ist der Fluß. Er ist immer kalt und fließt unter den Nußbäumen. Ringsherum sieht man Hügel an Hügel, darauf die schmalen Pfade, grüne Wacholderstauden und blaue Geröllmassen. Von oben, vom Kamm, schlängelt sich von altersher ein Wasserfall. Sehr weiß ist sein Bart, seine Zungen sind wild. Wir nennen ihn Skakalo.
Er entspringt oben auf dem Gipfel und fließt direkt in den Fluß. Auf dem Gipfel sind die ältesten, besonders gerade gewachsenen Kiefern.
Über den Kiefern ist der Himmel. Auf ihm die Sterne der Verstorbenen. Sie leuchten über dem Dorf und noch viel weiter, weil es viel mehr Tote als Lebende gibt. Die Sterne strahlen und spiegeln sich im Fluß.

Komme ich auf den Friedhof, ist es so, als wäre ich nicht einhundert Jahre, sondern viele hundert Jahre alt.
Ich begieße die Gräber.
Mein Platz ist dort unter dem Wasserfall.
»Hast du keine Angst, Tishina«, sagte der Pope zu mir, »daß das Wasser von oben sprudelt und dich mitreißt?«
»Möge es sprudeln und mich mitreißen, wohin es will, dann werde ich wenigstens begossen. Jemand anderer wird nicht auf den Gedanken kommen, mich zu begießen.«
Mit Wasser oder Wein sollte man den Verstorbenen begießen, damit er weiß, daß sich jemand um ihn kümmert.
Im Leben kann man allein sein, wie ich es bin, aber im Tod geht das nicht, er ist größer als das Leben, und der Mensch kann das Alleinsein im Tod nicht ertragen.
Ich zünde die ewigen Lichter an.
Und ich warte auf den Abend. Ich schaue gern in die Dämmerung. Wenn der Abend kommt und alles dunkel wird, kommen auch die Sterne. Sie leuchten zuerst ganz unten, schwimmen über die Dunkelheit, funkeln dann am Himmel. Sie sind wie Schiffe. Wenn sie leuchten, ist es so, als ob ich mit meinem Stern leuchte... Jeder bekommt seinen Stern, wenn er stirbt.
Zuerst stirbt man. Der Körper wird begraben. Aber die Seele umkreist vierzig Tage ihren Heimatort, ihre Verwandten, soviel Tage braucht sie, um alle zu besuchen.
Nach vierzig Tagen muß man die Kerzen am Grabe anzünden, denn wenn die Seele zu ihrem Stern hinfliegt, muß sie Licht haben, weil ihr Weg durch lange und dunkle Tunnel führt und sie Angst bekommen kann. Man soll keine Angst haben, auf der Erde hat man sich genug geängstigt.
Leuchten alle Sterne, zähle ich sie. Dann warte ich darauf, daß ihr Licht schön klar wird, um ihre Gesichter zu erkennen. Erkennt man sie, gehe ich zu ihren Gräbern und rufe die Toten. Ihre Schatten sollen erscheinen, denn tagsüber sehne ich mich sehr nach ihnen...

Jener, der letzte Stern, ist der von Kostadintscho. Nach ihm ist keiner mehr gestorben, jetzt bin ich an der Reihe.
Hier ist sein Grab. Ich passe auf, daß dort kein Unkraut wächst. Wenn einmal Gras dort ist, verbreitet es sich weiter.
»Kostadintscho, komm heraus, damit wir uns sehen!«
Langsam, langsam mit seinem Stock, sein Schatten schiebt die Erde beiseite. Und vom Stern schaut seine Seele zu.
»Bist du es, Tishina, danke, daß du mich nicht vergessen hast!«
Ich gebe ihm Tabak, er rauchte ihn so gern.
Ich weiß, was jeder liebt, das bringe ich ihm mit.
Der Tote freut sich, wenn du ihn besuchst, wenn du mit ihm plauderst, wenn er dies und jenes erfährt. Genau wie bei den Lebenden.
... Im Februar kam der Amtsdiener von der Gemeinde zu Kostadintscho und sagte ihm, es wurde beschlossen, sein Haus zu enteignen. Es soll für eine der Größen aus der Stadt als Wochenendhaus dienen. Er hat eine Wohnung in der Stadt, aber ihm gefällt das Haus von Kostadintscho. Und von ihm, dem aus der Stadt, wäre abhängig, ob das Dorf von oben gut angesehen sei. Sie wollten Kostadintscho in das Haus von Großmutter Mara schicken, dort sollte er wohnen und sein Ende abwarten. Wir gingen ins Gemeindehaus und sagten, daß das nicht rechtens sei, aber von dort teilte man uns mit, sie wären die Leute, die zu entscheiden hätten, was Recht sei oder nicht, und eine andere Gerechtigkeit gäbe es nicht!
Als sie kamen, um ihn herauszusetzen, fanden sie ihn, er hatte sich schon allein herausgesetzt. Er hatte sich aufgehängt. Und was für ein Fachmann war er früher, er baute auch das Gemeindehaus, die Schule und auch den Weg...
»Mach dir keine Sorgen, Kostadintscho, bei deinem Begräbnis gaben wir allen Getreide, wie es sich gehört, und alle werden gut über dich sprechen, denn so viel hast du für die Menschen getan!«

»Besser ist, Tishina, von der Welt zu gehen, wenn man noch ganz ist, als wenn man zuläßt, daß die Seele bei lebendigem Leibe Stückchen für Stückchen abgerissen wird, wie sie es geplant hatten ...!«
»So, ich rufe auch die anderen, daß wir uns mit ihnen unterhalten!«
Gleich neben dem Stern von Kostadintscho, der mit der abgebrochenen Spitze, ist der Stern von seiner Frau Petra. Ihr Grab ist etwas weiter weg. Sie starb damals aus Gram über den Tod ihrer beiden Söhne, die im letzten Krieg gefallen sind.
»Petra, meine Liebe, du sollst nicht mehr trauern, nicht wahr, jetzt seid ihr alle zusammen, ihr könnt beruhigt sein!«
»Tishina, auch im Grab vergeht der Schmerz nicht. So jung sind meine Kinder von uns gegangen ... Wenn sie nicht gestorben wären, würden wir noch glücklich in unserem Dorf zusammenleben, so ein schönes Dorf gibt es unter der Erde nicht. Manchmal sehne ich mich danach, und ich frage mich, Herrgott, warum gibt es überhaupt den Schmerz, nicht wahr, zur Freude werden die Menschen geboren ...«
»Du sollst den Herrgott nicht danach fragen, er antwortet darauf nicht.«
»Tishina, rufe Detelina und Dobrin, damit wir uns sehen!«
Detelina und Dobrin mochten sich damals sehr, aber sie durften nicht heiraten. Am Himmel leuchten ihre Sternchen nebeneinander. Detelina ist noch immer eine Schönheit, und ihr Stern ist der schönste.
»Wozu nutzte sie mir, Tishina, diese Schönheit, man trennte uns, egal, ob ich schön oder häßlich war ...«
»Tishina, Liebe, ich bin's, Dobrin, jetzt werden wir sehen, ob uns jemand trennen kann, Detelina und mich!«
»So, so, wenn sie dein Leben auf der Erde ungerechterweise unglücklich machten, um so heller leuchtest du am Himmel, und die Kräfte der Erde können dich nicht mehr ergreifen,

man, daß der Förster der Dieb war und andere bestochen hatte, um nicht entdeckt zu werden. Rusana schrieb damals viele Briefe an hochgestellte Persönlichkeiten, verteidigte ihren Mann, aber sie glaubten ihr nicht. Später gaben sie zu, einen Fehler gemacht zu haben, aber drei Menschen wurden in den Tod getrieben!
»Rusana, warum hast du nicht wenigstens das Kind am Leben gelassen?«
»Sollte ich es vielleicht leben lassen, daß es sich quält unter unehrlichen Menschen! Tishina, meine Liebe, nachdem wir gestorben waren, wohin hat sich die Welt bewegt, drehte sie sich zum Guten?«
»He, Frauen, seid ihr hier? Früher, als ich noch lebte, gab es kein Beisammensein ohne mich, wie könnt ihr euch unter den Toten ohne mich treffen!«
»Tjana, bist du es?«
»Laßt diese traurigen Geschichten, von denen ihr sprecht, wir wollen lieber ein bißchen lachen, wenn wir gestorben sind, haben wir Toten dann kein Recht mehr, richtig lustig zu sein!«
Die verflixte Tjana! Während des Frühlingskarnevals war sie die Ausgelassenste. Aus Zwiebeln machte sie sich Zähne, steckte sich Hörner auf, löste ihre Zöpfe, band Glocken in die Haare, zog das Ziegenfell über, so sprang und tanzte sie! Und ihrer Ziege zog sie Kleider an, setzte sie auf einen Stuhl und stülpte ihr einen Kranz über.
Einmal erschien vor ihr ein Bär im Wald. Tjana stellte sich tot, der Bär lief an ihr vorbei. Dann schlich sie hinter dem Bären her und führte die Jäger zu seiner Höhle. Ein kleines Bärchen nahm sie sich, zähmte es zu Hause und erschreckte ihren Mann und die Kinder mit ihm.
Abends legte sie sich hin, morgens fand man sie tot mit lächelndem Gesicht. Wie ein Spaß war ihr ganzes Leben ...
Auch ihr Stern lacht von oben.

»Tishina, wo sind die anderen?«
»Dort, unter dem Wasserfall, geh und bringe sie zum Lachen, ich werde meine Familie besuchen.«
Und hier, das ist das Grab von meinen Söhnen. Sie müßten zu dieser Zeit schon schlafen. Ich werde sie nicht wecken.
Oben am Himmel jener Doppelstern, der lila leuchtet, gehört ihnen. Sie waren Zwillinge. Einer starb schon als Kind, Feuer stieg ihm in die Augen, als er mit den Hühnern spielte, und er starb. Wahrscheinlich war es das schwarze Fieber. Der andere lebte sein Leben und starb mit fünfzig Jahren.
Er ging nach oben zu seinem Zwillingsbruder, ihre Sternchen trafen aufeinander, gemeinsam leuchten sie, zusammen, so wie sie einst auf die Welt kamen.
Schlaft, meine Kinder, schlaft gut, ich werde euch nicht wecken, ich werde eure Sterne betrachten, bald wird eure Mutter zu euch kommen.
Neben dem Abendstern ist meine Mutter.
Sie konnte sehr gut weben. Für das ganze Haus webte sie Schmuckdecken, Matten, Schürzen, Tücher, und als sie mit dem Leinentuch fertig war, starb sie am Webstuhl.
»Mutter, erinnerst du dich, Mutter...«
»Ich erinnere mich, erinnere mich, wie mein Herz zerbrach, es sagte – knak, als ob die Blüte von einem Apfelbaum sich öffnete. Aber du, Tishina, bist alt geworden mein Kind, lange hast du gelebt, deine Zeit kommt bald. Hast du wenigstens gut gelebt? Ob ein Mensch hundert oder zweihundert Jahre lebt, immer dasselbe. Mich hat der Tod schon in den Zwanzigern geholt...
Du, Tishina, zünde mir eine Kerze an, wenn du hier bist, ich habe brennende Kerzen sehr gern, es riecht gut, und meine Seele erfrischt sich...«
Mein Vater fiel in den Skakalo.
Er wollte die Steine wegräumen, die dem Wasser im Wege standen, und – glucks – fiel er in den Fluß! Wir fanden ihn tot

im Wasser. Hier ist sein Grab, sein Stern ist dort neben der Milchstraße, er leuchtet an der höchsten und entferntesten Stelle.
»Vater, komm heraus, damit wir uns sehen!«
»Warum sollen wir uns sehen, haben wir uns im Leben zu wenig gesehen?«
Der Vater ist ein mürrischer Kerl, auch sein Stern ist ein bißchen eigenartig.
Und jene, die entfernten Sterne oben, sind die von Großmutter und Großvater. Hier ist ihr Grab, wir haben sie zusammen begraben. Ihre Sterne haben sich ein wenig voneinander abgewandt, sie schauen zum Linsenfeld, und ihre Schatten unten im Grab zanken sich wieder über etwas. Ihr ganzes Leben stritten sie miteinander, sie war starrköpfig, er war noch starrköpfiger, das Gewitter erwischte sie auf dem Feld, und der Blitz tötete beide.
Eine verflixte Sache, der Teufel soll sie holen, hoffentlich! Er, der Herrgott, hat gesagt, ob du viel gearbeitet hast, sehr reich bist oder viel Weisheit besitzt, alle Wege führen zum Schmerz...
Die heutigen Menschen sind anders, sie sehen nur ihren eigenen Vorteil.
Wer weiß, vielleicht haben sie recht, wenn das ganze menschliche Leben zum Grabe führt.
Und jener Stern, der oben am Himmel auf die andere Seite gefallen ist, gehört dem Tasko, meinem Mann.
Hier habe ich ihn begraben, an dieser Seite, wo die Mühle ist.
Er hat ständig an die Mühle gedacht. Sein Leben lang mußte ich ihm jedes Wort aus der Nase ziehen. Ihn interessierten nur die Mühle und die Marder. Alle Marder im Dorf hat er vernichtet, keiner blieb, mit bloßen Händen fing er sie, und als er fühlte, daß sein Ende nahte, setzte er sich hier hin auf die Schwelle der Mühle, stülpte die Mütze über und starb.

»Tasko, zeige dich wenigstens etwas aus deinem verfluchten Grab, schaue dich um, zum Erzählen sind wir mit den Toten zusammengekommen!«
»Ich will nicht, Erzählungen bringen nichts!«
Die Welt ist schön ...
Wenn ich mit den Toten genug geplaudert habe, begleite ich ihre Schatten in die Gräber, und wieder bleibe ich allein. Nur die Sterne, sie leuchten. Einer hinter dem anderen, einer neben dem anderen, der ganze Himmel gehört ihnen.
Komm, Tishina, komm nach oben, dein Stern erwartet dich, ruft mir der Himmel zu.
Soll ich gehen, vielleicht früher gehen?
Lieber Himmel, warte noch ein wenig auf mich, noch ein wenig schaue ich von hier zu dir, noch ein wenig besuche ich die Toten, erzähle ihnen noch das eine oder andere, dann komme ich! Ich werde nicht weglaufen!
Der Himmel, ob er mich versteht.
Gut, aber es zieht mich schon sehr nach oben.
Was für ein Mensch ist dieser Herrgott, ist er ein Mensch oder etwas anderes, er hält für jeden einen Platz im Himmel bereit, für alle Seelen. Keine Seele geht verloren. Und das schon seit tausend Jahren und mehr.
Die Erde kann nur die Körper aufnehmen, die Seelen nicht, deshalb hat er alles so gut erdacht und den Himmel erschaffen. Kann jemand etwas Besseres ausdenken?
Bis wohin geht dieser Himmel? Nach diesen Sternen, was gibt es dann? Sicher wieder Sterne. Aber wo ist das Ende, lieber Gott? Haben die Sterne überhaupt irgendwo ein Ende, wie der Mensch eins hat? Nach diesem Himmel kommt ein zweiter, ein dritter, ein siebenter, was kommt danach? Sitzt der Herrgott dort, oder gibt es noch etwas ...
Sag mir, lieber Gott, sagt es mir, ihr Verstorbenen?
Wollt ihr mich hier im ungewissen lassen, daß ich vor Neugierde sterbe?

Es gibt nichts Schlechteres als die menschliche Neugierde, sie quält mich so, daß ich sterben könnte!
Wenn es nach diesen Sternen noch andere gibt, und noch andere, heißt das, es gibt auch andere Welten. Falls es sie gibt, gibt es dort auch Menschen, die auch sterben wie die Menschen hier, und ihre Seelen kommen zu ihren Sternen...
Trinken sie Wasser, Herrgott, jene Menschen dort, essen sie Brot, quälen sie sich auch, bevor sie sterben, denken sie darüber nach, daß es uns hier gibt, haben sie einen Friedhof? Geht jemand von ihnen und setzt sich an ihre Gräber, wie ich es tue? Sag es mir, lieber Gott, die Neugier quält mich so sehr, schon seit meiner Kindheit.
Oder treffen sich oben die Sterne mit den anderen Sternen! Eine merkwürdige Sache ist das, merkwürdiger als alles andere! Ich weiß nicht, was es alles gibt, aber wenn ich in den Himmel komme, fliege ich mit meinem Stern, alles anzuschauen, wenigstens so weit ich kommen kann.
Einmal fragte ich den Popen danach, aber er fragte mich, ob ich denn nicht an Gott glaube, weil ich diese Gedanken verfolge.
Ich fragte auch die Frauen, aber ihre Antwort war, Tishina, du wirst langsam verrückt!
Jetzt frage ich nur dich, lieber Gott, wer hat dich geschaffen, hast du einen Vater, hast du eine Mutter? Dich frage ich, allergrößter Gott, größer als Jesus, hast du den Himmel und die Erde erschaffen, hast du sie erschaffen oder nicht?
Wenn ich zum Friedhof komme, denke ich immer darüber nach.
Einerseits bin ich neugierig, alles zu erfahren, andererseits ist mir leicht auf der Seele...
Warum haben die Menschen Angst vor dem Tod?
Aber dies ist doch der Weg zum großen Himmel, den man zwar nicht sieht, aber weit ist der Weg bestimmt, wohin wird er führen?

Hier wird sicher auch ein Stern für mich über dem Skakalo leuchten.
Und unten wird mein Grab sein.
Oben wird mein Stern sich zu meinem Haus hinwenden.
Dort wird nichts bleiben, nur Blumen.
Deine Blumen, Tishina, werden auch nach deinem Tod weiterwachsen.
Mein Haus wird zusammenfallen, wenn ich sterbe, aber ich werde es im Gedächtnis behalten, wie es jetzt ist. Oben im Himmel werde ich mich daran erinnern. Oben in meinem Stern werde ich mir dasselbe Haus einrichten.
Wenn du oben die Tür zum Felsen öffnest, Blume an Blume, ihre Düfte strömen dir entgegen, und dir wird leicht ums Herz. Vielleicht kommen auch die Seelen der Blumen zusammen mit den Menschenseelen nach oben in den Himmel. Falls sie kommen, heißt das, viele Blumen werden mit mir gehen.
Zuerst kommt mit mir die Rosengeranie. Was für schöne Blätter sie hat, fest, grün, hart und stark. Mit der Blume kannst du dich auch zur Hochzeit schmücken, auch zum Begräbnis kannst du einen Strauß nehmen oder sie zum Pflaumenkompott geben. Sie ist meine Lieblingsblume.
Und die Fuchsien kommen mit mir. Wenn sie so rot blühen, macht es dein Haus fröhlich, und dein Stern wird auch fröhlich und rot! Rot ist die schönste Farbe für das Auge!
Am festlichsten wirkt die Königsbegonie. Auch sie nehme ich mit und stelle sie an die Fenster meines Sternenhauses. Mit ihren großen violetten Blättern, königlich breit, und kleinen rosa Blüten, wie Geldstücke. Ihre königliche Schönheit läßt dich nur leise Worte wählen, alles überdenkst du.
Die roten Malven, auch sie nehme ich mit nach oben, wenn die Seelen von anderen Sternen mich besuchen, ist es so, als ob es im Dorf wär, so sollen sie sich fühlen, genau wie in ihren Häusern auf der Erde ...

Nur die jungen Leute werden dort bleiben, und wir, die Alten, werden oben auf sie warten. Auch sie sollen ihr Leben auf der Erde leben und dann zu uns kommen.
Jetzt ist das Leben anders.
Die Jugend glaubt nicht mehr, aber es geht nicht um glauben oder nicht glauben. Ob man glaubt oder nicht glaubt, kann man nicht befehlen, ein anderer befiehlt über dich, wenn das Leben auf der Erde endet.
Aber du, Tishina, wenn du heute abend hier bist am Grab, warum bleibst du nicht? Hast du noch andere Arbeit auf dieser Erde? Wahrscheinlich bist du mit allem fertig.
Ist es nicht an der Zeit zu kommen?
Es ist schon Zeit!
Also dann!
Die Lichter sind angezündet.
Der Mond ist aufgegangen. Mitternacht vorbei. Das Dorf schläft.
Jetzt ist deine Zeit!
Leb wohl, mein Dorf!
So verlasse ich dich, mein Haus, morgen, wer dort wohnen wird, soll ein gesundes Leben haben.
Auf diesem Weg ging ich immer zu den Feldern, dort blieben meine Hände, mögen dort auch ihre Schatten bleiben, damit sie ewig bereit sind.
Leb wohl, mein Weg!
Jetzt werde ich in den Fluß steigen, um mich zu baden, dann das Kopftuch fest zusammenbinden ...
Mein Gott, wenn mich jemand sieht, wird er mich für eine Nixe halten!
... Ach, ich werde mir noch die Zöpfe machen, damit sie mich nicht stören, wenn ich fliege.
Hier, diesen Wein lasse ich an meinem Grab, für den, der daran denkt, mich zu begießen, wenn nicht, wird der Skakalo diese Arbeit erledigen.

Du, mein Schatten, bleibst am Grab, sollte mich jemand rufen, melde dich!
Auch mein Herz bleibt hier.
Ich nehme nur meine Augen mit. Die Seele soll Augen haben.
Jetzt werde ich mein Liedchen singen:
Sehnsucht hatte die Mutter, große Sehnsucht,
aus ihrer Sehnsucht bin ich geboren,
ob zur Freude, ob zur Traurigkeit,
sie gab mir den Namen – Tishina (die Traurige, Sehnsüchtige)
Auch meinen Namen nehme ich mit nach oben, damit sie wissen, wie mein Stern heißen soll.
Leb wohl, meine Erde! Auf dir ging ich, jetzt werde ich über dir scheinen, deine Wege beleuchten, denn diese Leute auf der Erde leben noch in der Dunkelheit.
Ich habe keine Angst, ich weiß, daß ein anderer für meinen Platz geboren wird.
Ich setze mich auf einen Stein, strecke die Arme in die Höhe, greife nach dem Himmel und erhebe mich in die Lüfte...
Hier bin ich schon, in meinem Stern.
Ich will alle sehen.
Noch etwas werde ich auf euch schauen, dann werde ich mit meinem Stern den Himmel erkunden, damit ich ihn kennenlerne.
Wenn ich ihn kenne, werde ich hierher zurückkommen, über dem Skakalo werde ich leuchten.
Und kommt dann, wer wissen will, was es noch auf dem endlosen Himmel gibt, ich werde es euch sagen.
Die Neugierde soll euch nicht quälen, denn das ist das Schlimmste!

Ganze Nächte wandert der Stern von Tishina am unermeßlichen Himmel, erforscht ihn und weist vielen Menschen den Weg, die von der Dunkelheit in dieser Gegend überrascht wurden, auf den steilen Hängen, auf den versteckten Pfaden, den tiefen Schluchten, den alten Brücken.
Morgens, wenn die Sterne zurückkehren, um sich auszuruhen, kommt auch der Stern von Tishina zurück.
Dann breitet sich der Himmel weit und hell aus, weit, weit, auch über einem einsamen alten Haus, das auf dem Hügel steht. Wenn das Licht in die Fenster fällt, zuckt das Haus zusammen, die Tür öffnet sich breit, und auf der Treppe kommen herab in den Hof

Noah und Suiza

SUIZA: Alt sind wir geworden, Noah...
NOAH: Die Welt ist alt, Suiza.
SUIZA: Warum geht der Tod immer an uns vorbei?
NOAH: Er ging vorbei... Hinter den Bergen ist sie.
SUIZA: Wer?
NOAH: Die große Welt...
SUIZA: Wir wurden vergessen.
NOAH: Vergessen, unvergessen, bis du an die Reihe kommst.
SUIZA: Du lügst! Wann?
NOAH: Woher soll ich es wissen.
SUIZA: Du warst doch Lehrer, du warst doch Pope, immer in die Bücher vertieft, hast dort doch gelesen, sag es mir!
NOAH: Dort steht es nicht.
SUIZA: Was steht dort also? Was sind das für Bücher, wenn dort nicht steht, wann wir sterben, das andere ist bekannt...
NOAH: Nein.

Suiza: Was machst du da für einen Krach?
Noah: Das bin nicht ich, ein Wagen fährt auf der großen Straße.
Suiza: Was für eine Straße, wer hat sie gebaut?
Noah: Das habe ich dir doch vergangenes Jahr erzählt. Sie haben eine große Straße in den Bergen gebaut.
Suiza: Vielleicht hast du es gesagt, aber wenn ich es nicht sehe, vergesse ich es. Wohin führt sie?
Noah: Direkt nach unten, zu den Städten, zu der großen Welt führt sie.
Suiza: Was für eine Farbe hat sie?
Noah: Weiß.
Suiza: Wie die Milch?
Noah: Weißer.
Suiza: Es gibt nichts weißeres als die Milch! Sieht man die Städte von hier?
Noah: Schwarz wie das Meer... Neu ist die Welt, aber ich kenne sie nicht, ich konnte sie nicht kennenlernen...
Suiza: Gott hat deine Beine an mich gebunden. Warum hat er dich bestraft, Noah, dich, du Guter, warum bestraft er nicht die Schlechten? Ist das seine Gerechtigkeit, verdammt sei er, weil er dich an mich gebunden hat, verdammt soll er sein, weit weg von der Welt!
Noah: Weit weg... Was gibt es dort?
Suiza: Verdammt sei mein Herz, daß es noch schlägt, es ist verbrannt und glüht noch immer. Aber du, warum bist du nicht weggegangen? Geh, schau dir die Welt an, der Mensch darf nicht mit einer Sehnsucht sterben, wirst du gehen?
Noah: Nein.
Suiza: Wenn mir wenigstens die Kinder geblieben wären...

	War ich damals so schön, daß ich dich verzaubern konnte? Siehst du, das war die schwarze Magie, Noah ...
NOAH:	Ich weiß ...
SUIZA:	So traurig ist alles für dich, Noah, alles hat er genommen, der verflixte Allmächtige! Es darf doch nicht sein, daß der Mensch sich so quält, du wurdest doch geboren, um ein Studierter zu werden und in die weite Welt hinauszugehen. Verdammt sei der Allmächtige. Und du glaubst an ihn das ganze Leben!
NOAH:	Du versündigst dich mit deinen Worten ... Sie werden dich in die Hölle bringen.
SUIZA:	Es gibt keine schlimmere Hölle als die, wo ich jetzt bin.
NOAH:	Eine andere Hölle gibt es.
SUIZA:	Wo ist sie?
NOAH:	Dort, jenseits.
SUIZA:	Was für ein Kind du bist, Noah, die Geräusche des Windes hältst du für einen Reiter. Im Jenseits gibt es nichts, alles ist hier.
NOAH:	Aus Schmerz kannst du nicht glauben. Es gibt im Jenseits einen Himmel, und dort werden wir uns mit den Kindern treffen.
SUIZA:	Mit den Kindern werden wir uns unten in der Erde treffen, wo sich Staub mit Staub vermischt und Erde mit Erde, anderes gibt es nicht!
NOAH:	Es gibt den Himmel, aber für die menschlichen Augen unsichtbar.
SUIZA:	Aber warum sieht ihn meine Seele nicht? Ein schlechter Glaube ist schlimmer, als überhaupt nicht zu glauben.
NOAH:	Ach, Suiza, Suiza, ein Mensch tritt ins Leben und muß glauben.

SUIZA: Nein, du mußt dich umschauen und sehen, soweit dich deine Knochen tragen. Und bis dahin reicht der Glaube.

NOAH: Und weiter?

SUIZA: Weiter gibt es nichts. Weiter ist wieder hier. Du legst dich in die Erde, vergehst, die Würmer fressen dich, das Wasser zersetzt dich, und du versickerst in der Erde. Wenn du unzufrieden bist, ist es die Hölle, wenn du zufrieden bist, ist es das Paradies. Seitdem ich nicht mehr sehen kann, weiß ich, daß es so ist. Früher nahmen meine Augen alles um mich herum wahr, aber jetzt sehe ich mit der Seele. So wie dich die Welt anzieht, solltest du gehen. Irgendwie würde ich mich in der Dunkelheit zurechtfinden, nachdem ich das Licht kennengelernt habe. Ach du, bist in deine Gedanken vertieft, hundert Jahre ist das schon so! Was blieb eigentlich von dir hier? Wo bist du, Noah?

NOAH: Hier am Brunnen.

SUIZA: Ach, könnte ich ein Brunnen werden... Wo ist die Gerechtigkeit, Noah?

NOAH: Dort oben... Der Allmächtige dort oben wird dir das Augenlicht zurückgeben, und mir wird er den Weg in die große Welt öffnen, wo die großen Leute und die großen Bücher sind...

SUIZA: Nein, nein, auch ohne Augen sehe ich! Gerechtigkeit! Sie wurde für die Sterblichen ausgedacht, wer würde sonst arbeiten? Ach, du solltest weglaufen...

NOAH: Alle liefen weg. Wir blieben hier wie Zapfen, die von den Tannen heruntergefallen sind. Um uns herum war Wald, kräftige Bäume, aber sie blieben nicht, man schaffte sie fort in die große Welt, sie, die Unbeweglichen, aber wir blieben hier... Und die

	Welt, sie läuft weit an uns vorbei. Für wieviel Menschen war ich ein Lehrer, ich lehrte sie den Bleistift halten, erinnerst du dich, Suiza?
SUIZA:	Ich wartete, wartete, daß wenigstens ein Auge etwas sieht. Man soll nicht so lange warten, das ist unmenschlich. Warum kann ich nicht mehr sehen? Muß ich für alte Sünden bezahlen, du bist gelehrt, Noah, sag es mir?
NOAH:	Sie gingen nach unten und vergaßen mich. Ich hoffte, sie würden kommen mir von der Welt erzählen, durch sie die Welt kennenlernen, sie berühren. Weißt du, Suiza, wieviel Kinder ich unterrichtet habe? Wenn sie sich hier aufstellen, würden sie wie ein Wald sein. Alle sind weggelaufen. Wer weiß, wie es ihnen dort geht, groß ist die Kraft der Welt; wen sie erfaßt, läßt sie nicht mehr los. Anders ist es in den Städten.
SUIZA:	Man sagt, in den Städten gibt es Doktoren; die das Augenlicht zurückgeben können, aber was ist, wenn sie Fehler machen und dir die Augen völlig vernichten? Nein, jetzt bin ich schon entschlossen, ich werde nicht gehen. Und wer kommt schon hierher?
NOAH:	Seit langem ist niemand mehr zu uns gekommen, kommt jemand mit dem schnellen Auto, läuft er sofort wieder weg, hat keine Zeit. Die große Welt läßt sie nur für kurze Zeit frei, erwartet sie, was sollen sie hier machen, sie sind groß geworden.
SUIZA:	Schlecht sind sie geworden, wenn sie dich nicht besuchen, Noah.
SUIZA:	Wer klein ist, kann nicht groß werden. Wenn sich der Mensch mit Kleinem abfindet, bleibt er klein.
NOAH:	Sie haben wichtige Posten.
SUIZA:	Auch unser Esel hat einen wichtigen Posten, aber das bedeutet nicht, daß er groß ist.

NOAH: Wenn du in die Welt gerätst, wirst du ein anderer Mensch, wer weiß ...

SUIZA: Wer weiß, seit wann dieser verfluchte Gott alles so schlecht zusammenfügt. Was habe ich den Menschen Schlechtes angetan ... Und du, Noah, brachtest ihnen bei, daß der Allmächtige gut ist, daß sie sich nach ihm richten sollen ...

NOAH: Das konnte ich ihnen nicht beibringen ...

SUIZA: Ist das der Specht auf dem Apfelbaum, Noah?

NOAH: Nein, die Tür klappert.

SUIZA: Schließe sie nicht. Wie lange habe ich den Specht nicht mehr gehört, daß er sich in seinem bunten Federkleid hier meldet. Warum kommt er seit vielen Jahren nicht mehr?

NOAH: Der Baum ist nicht mehr da.

SUIZA: Wieso ist er nicht mehr da, wo sind die Bäume? Hier gab es Buchen, Erlen und Ahorn; das ganze Dorf war grün von den Bäumen, die Schatten spendeten, und ihre Farbe leuchtete, wo sind sie?

NOAH: Man fällt sie.

SUIZA: Wer?

NOAH: Die mit den Bleistiften. Ich erzählte es dir schon. Das Dorf ist leer geworden. Sie kamen vor einigen Jahren und sagten, das Dorf wird verschwinden, man braucht die Bäume, um in der Welt zu bauen, und hier wird alles veröden. Um die Welt muß man sich kümmern, aber wer wird sich um uns kümmern?

SUIZA: Siehst du, siehst du, du sprichst immer von der Welt. Ich kann es nicht mehr hören!

NOAH: Es ist für uns zu spät, die Welt zu erreichen.

SUIZA: Die Welt ist schlecht, wenn sie unser schönes Dorf vernichtet! Warum haben sie es verlassen und zerstört?

NOAH: Es gibt hier nichts Wertvolles mehr.
SUIZA: Aber die Menschen, sind die nicht wertvoll?
NOAH: Die alten sind gestorben, die jungen weggelaufen. Nur wir, wir sind hiergeblieben mit den Igeln und Uhus, aber auch die sieht man nicht mehr, auch die sind in die Ebene geflohen, zum besseren Leben.
SUIZA: Aber die Schule, Noah, die Schule, wo du warst, mit den Büchern?
NOAH: Ist schon längst verfallen. Die Bücher haben sie verbrannt oder weggetragen, ich konnte sie nicht retten.
SUIZA: Warum haben sie die schönen Häuser mit den hübschen Balkons, mit den Gärten und den Nelken verlassen, wo die Bienen in Schwärmen summten, sind die Menschen verrückt geworden?
NOAH: Sie haben in der Ebene schönere Häuser, man sagt, ihre Häuser sind riesig, mit zehn Stockwerken. Warum sollen sie hier in ihren Katen bleiben. Die Welt ist dort, so ist es.
SUIZA: Aber wo finden sie das Gras, die Höfe, die Blumen? Kann man in einem Haufen leben, ohne Grün ringsum, wo man die Erde nicht riechen kann, wo kein Apfelbaum rauscht ... Dummköpfe!
NOAH: Das brauchen sie nicht, das gehört der Vergangenheit an. Gebildete Leute brauchen so etwas nicht ...
SUIZA: Wieso brauchen sie es nicht, die Erde hat sie uns gegeben, wenn der Mensch sich von ihren Schönheiten trennt, wird er zugrunde gehen.
NOAH: Sie haben andere Schönheiten, lernen etwas anderes.
SUIZA: Was anderes, gibt es eine bessere Lehrerin als die Mutter Erde? Daß sie so ein Dorf verlassen, das ist doch nicht normal. Wohin gehen sie, Noah, sie kommen doch wieder in die Erde. Aber daß sie

	dieses Land verlassen und zu einem Friedhof machen, ist das eine vernünftige Welt?
NOAH:	So ist die Welt. Suche nicht die Fehler, die Welt hat ihre Sorgen, die größer und wichtiger sind.
SUIZA:	So ist das also! Aber wer wird sie in ihrem Stadthaufen ernähren, wenn sie von den Feldern, von den Gärten weglaufen, sollen sie Steine essen! Die Welt ist gut geordnet, du Noah, du verdrehst alles, das ist keine große Welt, eine ganz kleine Welt ist das. So werden sie kein Glück finden.
NOAH:	Wieso werden sie es nicht finden, glaubst du, nur hier kann man es finden?
SUIZA:	Nur hier, nur hier, wo der Mensch mit der Erde verbunden ist. Was fehlte ihnen hier, hier bei uns, hier hatten sie alles. Berg ist hier Berg, Kiefer ist Kiefer, Quellen sind Quellen ... Wenn im Frühling alles blüht, ach, es wird hell, das Gras ist saftig, die Malven sprießen in die Höhe, und die Schwalben zwitschern und sterben fast vor Freude! Wo anderswo gibt es solchen Lavendel, aus den Blüten fließt so viel Honig, daß die Bienen ihn nicht in ihre Bienenstöcke schaffen können, und wie schön sind die Bienen! Auch hier gibt es elektrischen Strom, und den Dorfplatz. Und wie schön sind die Eichen, Noah? An heißen Tagen setzt man sich unter sie, strickt, plaudert mit den Frauen, und ihr Schatten gibt Kühle. Was ist mit Katka, Noah?
NOAH:	Welche Katka?
SUIZA:	Das Eichhörnchen, das auf dem Eichbaum lebte. Wie munter und schlau es war, wie ein Kind war es, und sein Nest war immer in Ordnung ... Da saßen wir Frauen und spannen, und es kam runter vom Baum, setzte sich zu uns und hörte und verstand alles. Auch das hat uns verlassen?

NOAH: Die großen Eichen auf dem Dorfplatz sind weg. Sie wurden mit Wurzeln weggeschafft.
SUIZA: Wieso hat man die schönen Bäume vernichtet, die so gut zum Dorf paßten und das Dorf verschönten?
NOAH: Es mußte sein, Suiza. Eine große Welt hat man in der Erde gefunden. Eine ganze Stadt vom vergangenem Leben wurde entdeckt und ausgegraben, eine Stadt aus der römischen Zeit, und alles hatten diese Leute in der Welt unten. Gräber hat man gefunden mit Knochen der wichtigen Leute, silberne Ringe und Halsschmuck der Frauen entdeckt, und solche Bauten, daß sich die Spezialisten wunderten. Alles hat man weggebracht und in Museen in der großen Welt aufbewahrt, auch das waren Menschen der großen Welt zu ihrer Zeit.
SUIZA: Siehst du, das heißt, von hier breitete sich die große Welt aus. Sie sollten es hierlassen, sie sollten hierherkommen und das Leben fortsetzen. Haben sie daran nicht gedacht?
NOAH: Ach Suiza, du verstehst nichts, das ist Wissenschaft.
SUIZA: Dummheiten sagst du. Wenn sich die große Welt von hier ausbreitete, heißt das, daß sie hier ihre Wurzeln hat. Jene Leute, die Toten, waren vernünftiger als die heutigen Menschen. Hier schufen sie alles. Hier ist es schön, ein schöner Ort, der Mensch allein baut sich die Welt inmitten der Mutter Natur. Jene Leute von der unteren Welt, die Ausgegrabenen, die waren gescheit. Sie sind nicht weggelaufen, sie haben ihre Welt nicht verlassen, deshalb werden sie von den Dummen bewundert. Dort in der Ebene, was gibt es dort mehr?
NOAH: Große Schulen, große Lehrer, große Wissenschaften. Wenn man sie ganz beherrscht, wenn man alles erlernt bis zum Ende, versteht man alles auf der

	Erde, unter der Erde und vom Himmel. So ein Lehrer wollte ich werden, damit ich alles sehe und verstehe.

SUIZA: Du siehst doch alles, warum beklagst du dich. Du weißt nicht, was es heißt, ein halbes Leben zu sehen und dann ein halbes Leben ohne Augen zu leben.

NOAH: Wenn du ein Buch aufschlägst, werden die Toten lebendig, die verschwundenen Staaten bewegen sich, wenn du ein anderes Buch aufschlägst, duftet es nach unbekannten Bäumen, die längst ausgetrockneten Flüsse fließen wieder... Schlägst du ein drittes Buch auf, erklingen unbekannte Wörter, aber du verstehst sie, weil du die Sprache gelernt hast. So öffnen sich dir die Wege zu unbekannten Ländern auf den Kontinenten. Etwas Großes sind die Bücher, Suiza, sie geben dir hundert Augen und tausend Fenster! Und du kannst, du kannst...

SUIZA: Verlierst du die Augen, kannst du nichts. Bücher können dich nicht führen, nichts. Du hast großes Glück, daß du die Augen hast... Ohne Augen bist du wie ein Grab... Es ist wahr, die Seele sieht manches, aber wenn du keine Augen hast, was machst du mit der Seele?

NOAH: Und du kannst in diese Bücher niederschreiben, was du denkst, was du empfindest, und nur das, was geschrieben steht, nur das kann vom Tod und vom Verwesen verschont bleiben, denn ein Buch ist größer als ein Grab, es umfaßt alles, deine Seele und deinen Körper und noch viele Körper und Seelen. Ach Suiza, Suiza...

SUIZA: Also sollst du schreiben, Noah, warum schreibst du nicht, solange wir noch hier sind. Schreib! Ach, wenn ich Augen hätte, würde ich schreiben, noch einmal möchte ich die Erde sehen! Schreib wenigstens du, oder hast du die Buchstaben vergessen?

NOAH: Die Buchstaben habe ich nicht vergessen, es ist anders.

SUIZA: Wie?

NOAH: Wenn man mit dem Schreiben beginnt, muß man ein großes Buch schreiben, aber es muß vom Inhalt her groß sein, die Worte müssen die Gedanken gut erfassen, denn das Größte im Menschen sind die Gedanken. Das kann nur ein Meister, und ich bin kein Meister, ich konnte es nicht erlernen... Dafür braucht man Zeit, daß man alles erfaßt, man muß sich ihnen voll widmen.

SUIZA: Du konntest mich verlassen, ich habe dich nicht zurückgehalten, aber dein Dickschädel ist schuld, und dein verdammtes Mitleid! Wäre ich an deiner Stelle, mit solchen Wünschen, würde ich es nicht aushalten. Würdest du in die große Welt gehen, wenn ich nicht wäre?

NOAH: Nein.

SUIZA: Ich verstehe nicht, was du eigentlich willst. Es ist mir nicht klar. Weißt du es wenigstens selbst?

NOAH: Das ganze Leben habe ich nachgedacht...

SUIZA: Na und?

NOAH: Ich bin nicht für etwas Großes geboren, Suiza.

SUIZA: Aber wieso, du träumst doch das ganze Leben von der Welt der großen Bücher?

NOAH: So ist es, aber ich wurde nicht geboren, um ein großes Buch zu schreiben, um die große Welt in dem Buch zu verewigen...

SUIZA: Du kannst doch schreiben.

NOAH: Das genügt nicht...

SUIZA: Aber du könntest noch mehr erlernen!

NOAH: Auch das würde mir nicht helfen ...

SUIZA: Hältst du mich für verrückt, oder bist du verrückt geworden? Ich kann zwar nicht schreiben, aber etwas verstehe ich, ich fühle es blindlings.

NOAH: Siehst du, Suiza, es ist eine Gabe Gottes, wenn du ein Buch schreiben kannst. Dafür muß man auserwählt sein ... Wenn du es nicht bist, kannst du lernen, soviel du willst, nichts kommt dabei heraus. Das Buch wird mit dir sterben, wenn nicht schon vor dir. Auch wenn du viel Arbeit hineinlegst, dein Buch bleibt klein ...

SUIZA: Aber die anderen, so viele haben studiert?

NOAH: Auch von den vielen gibt es nur wenige. Selten schenkt der Himmel den Menschen diese Gabe. Das ist wie mit den Sternen am Himmel, es gibt Tausende Sterne, aber nur eine Sonne ... So ist es auch mit den Menschen. Viele Menschen lernen, aber begabt ist nur einer, und in ihm ist die ganze Welt enthalten, das ganze Volk, wie in der Sonne das ganze Licht der Sterne enthalten ist ... Wenn du nicht der Auserwählte bist, ist es besser, es nicht zu versuchen. Ich bin es nicht.

SUIZA: Schreib also ein kleines Buch, damit du deinen Wunsch erfüllst.

NOAH: Nein, man darf nicht das Kleine vermehren. Nur das Große, das Begabte bleibt, weil nur das den Weg in die Zukunft findet. Was Bestand haben soll, muß groß sein!

SUIZA: So ist das also ...

NOAH: Verstehst du mich?

SUIZA: Ich verstehe, verstehe, auch wenn ich das nicht so sagen kann wie du ... Das heißt, man soll nicht schwache Kinder gebären ... Aber was willst du jetzt machen, Noah, was willst du tun, ach, tue

	etwas, dann wirst du wenigstens dein Leid vergessen, es ist allzu groß, man sieht kein Ende!
NOAH:	Das kann ich nicht, muß ich auch nicht.
SUIZA:	Sag es wenigstens jemand von der anderen Welt, der großen Welt, daß es bleibt, daß es nicht mit dir verschwindet.
NOAH:	Das weiß man schon seit alten Zeiten ...
SUIZA:	Heißt das, es wird mit uns sterben, was du denkst, und niemand wird es erfahren?
NOAH:	Vielleicht wird es jemand erfahren.
SUIZA:	Wie?
NOAH:	Hier habe ich etwas gemacht ...
SUIZA:	Was?
NOAH:	Hier hast du es, du kannst es anfassen ...
SUIZA:	Was ist das? Meine Hände fühlen einen Stein.
NOAH:	Ja, ein Stein ist es, betaste ihn von allen Seiten.
SUIZA:	Groß ist er, wie ein Felsen.
NOAH:	Schön ist er, rein, aus, Granit ...
SUIZA:	Woher hast du ihn?
NOAH:	Vom Hügel habe ich ihn geholt.
SUIZA:	Da ist etwas reingehauen, was ist das, Noah?
NOAH:	Buchstabe zu Buchstabe, Wort zu Wort ...
SUIZA:	Was sagen diese Worte aus deinem steinernen Buch?
NOAH:	Die Welt ist alt, Suiza, niemand weiß, wie alt. Wir konnten nicht alles erlernen, aber hier war unsere Welt, hier lebten Suiza und Noah, die Vergessenen. Suiza hatte Zöpfe wie Bienenschwärme. Die Leere konnte uns hier nicht verschlingen. Laßt euch nicht verschlingen, ihr, von der anderen Welt, die ihr kommen werdet, auch wir waren einst wie ihr.

Die Jahre sind vergangen.
Viel Wasser ist über die Hänge der Rhodopen geflossen.
Viele Bäche mündeten in die Flüsse und die Flüsse in die Meere. Soviel Quellen in der Erde verschwunden sind, soviel neue sprudelten hervor. Tausende Vögel flogen für immer weg, neue kamen. Und wie jeder auf dieser Welt die Stunde der großen Umwandlung erlebt, so durchlebten es auch die Hundertjährigen. Es kam die Stunde, als der Himmel sich an sie erinnerte, blieb in ihren Fenstern stehen, streckte ihnen seine durchsichtige Hand entgegen und empfing sie in seiner Unendlichkeit. Auf seinen Wolken machten sie sich auf den Weg, diese Wolken schickten Regen auf die Erde, und aus ihrer Tiefe sprossen neue Bäume und Gräser.
Wirst du erkennen in dieser Gegend an den Wegen, an den Pfaden, an dem dörflichen Asphalt, der das Kopfsteinpflaster auf den Wegen ersetzte, daß einst hier die Hundertjährigen lebten...?
Wirst du erkennen an den durchsichtigen Flügeln ihrer Fenster, daß sie so lange auf den Himmel warteten, daß sie einst von ihm vergessen wurden...?
Die Welt ist wie eine Blume, die eine blüht, die andere verblüht und vergeht in der Erde, damit die dritte wachsen kann.
Sind diese Hundertjährigen in die Erde gekommen, in den Himmel, wer kann es sagen, daß sie für immer verschwunden sind, daß es sie schon nicht mehr gibt. Daß man nie mehr ihre Stimmen auf den Hügeln und in den Schluchten hört, in den Ästen der Bäume. Daß man ihre Gestalten auf den Dorfplätzen nicht mehr sehen wird, nicht ihre weißhaarigen Schatten durch die klaren Fenster ihrer Häuser...
Ist es wahr, daß es sie wirklich nicht mehr gibt?

Nachwort zur deutschen Ausgabe

Vorliegender Band mit Dokumentarerzählungen über Hundertjährige erschien in Bulgarien 1981, wurde jedoch bereits 1975 geschrieben. Damals bereiste ich, im Zusammenhang einer soziologischen Recherche über Hundertjährige in dieser Region, die nördlichen, südöstlichen und südlichen Teile des Rhodopengebirges. Zusätzlich zur engeren Fragestellung meiner soziologischen Umfrage, die vorwiegend die Lebensweise der Menschen betraf, sammelte ich viele Materialien und fertigte persönliche Notizen über Bekenntnisse und Erzählungen der Hundertjährigen an, welche vorwiegend deren Seele, ihre Gemütsbewegungen, Hoffnungen und Träume widerspiegelten. Diese zusätzlichen Aufzeichnungen wurden die Grundlage für »Die vom Himmel Vergessenen«. Ich habe mit Bulgaren christlichen und moslemischen Glaubens gesprochen. Insgesamt begegnete ich etwa dreißig Hundertjährigen im Alter von ca. 90 bis 110 Jahren. Für »Die vom Himmel Vergessenen« habe ich die Erzählungen von zehn Hundertjährigen ausgewählt, zwei davon (»Eine Handvoll Staub« und »Tishina«) stammen aus meiner Familie, die aus dem Dorf Orechowo in den Rhodopen kommt, wo ich auch selbst aufgewachsen bin. Die Hundertjährigen lebten zwar in verschiedenen Teilen der Rhodopen, sie waren jedoch beseelt vom gleichen Geist, der gleichen Einstellung zu Leben und Tod und der gleichen, im Menschen verborgenen Hoffnung auf die Unsterblichkeit des Guten, durch welche ein menschliches Wesen in Erinnerung und Gedächtnis seiner Nachkommen weiter lebt – denn nur diese ist ewig. Unabhängig von ihren unterschiedlichen Religionen, die sie jeweils an ihr irdisches Leben angepaßt hatten, glaubten sie alle, daß es einen Gott des Guten gibt, der lediglich verschiedene Namen trägt.

Sie alle fühlten sich von Kassettenrekorder und Fotoapparat beleidigt und meinten, daß im Vergleich damit das Gedächtnis etwas viel Höheres und in der Zeit Beständiges sei, denn wenn das Foto das äußere Bild eines Menschen konserviere, so könne das Gedächtnis die Seele aufbewahren und gerade die gebe das wahre Bild des Menschen. Im Vorwort habe ich dies eingehender dargelegt.

Die Erzählungen wurden bearbeitet und aus der Rhodopenmundart, mit der auch ich aufgewachsen bin, übersetzt und von mir zusammengeknüpft. Während unserer Gespräche über Leben, Tod und Unsterblichkeit stellte sich bei mir und meinen Gesprächspartnern oft eine ganz ähnliche Denkweise heraus; deshalb war ich sehr darum bemüht, die Philosophie der Hundertjährigen, den Raum ihrer Gedanken und Gefühle, den Schwung und die Freiheit ihrer Phantasie zu bewahren. Ich selbst bin ja ebenfalls in einer solchen Atmosphäre aufgewachsen und in ganz ähnlicher Weise erzogen worden. In meinem jüngst erschienenen Roman »Gäste aus dem Jenseits«, der stark autobiographisch angelegt ist, schildere ich dies alles eingehender, auch psychologisch; insofern ist der Roman in gewisser Weise eine Fortsetzung von »Die vom Himmel Vergessenen«.

Ich mußte die Namen der Hundertjährigen verändern, denn die totalitäre Zensur ließ es damals nicht zu, daß die moslemischen Namen verwendet wurden. Die bekenntnishafte Ich-Form der Erzählungen, die die Hundertjährigen bevorzugten, habe ich beibehalten. Das Material ist aus langen und eingehenden Erzählungen ausgewählt und redigiert. Es fällt mir allerdings schwer, meine Eingriffe mathematisch genau zu beschreiben, weil ich das Buch immer als mein eigenes erlebt und in diesem Sinne vielleicht auch meine eigene Seele dargestellt habe.

Die Personen:
1. Dimiter – 106jährig, Moslem
2. Assen – über 80 Jahre alt, Moslem
3. Sofia – ca. 110 Jahre alt, Moslime
4. Stan – über 90 Jahre alt, Moslem
5. Kalin – 100jährig, Christ
6. Daphina – 90jährig, Christin
7. Manusch – ca. 100 Jahre alt, Moslem
8. Griwnia – über 100 Jahre alt, Christin
9. Tishina – ca. 100 Jahre alt, Christin
10. Noah und Suiza – über 90 Jahre alt, Moslem, Moslime

(Stand: 1975)

            Ekaterina Tomowa

Anhang

Autobiographische Notizen
von Ekaterina Tomowa

Ich bin am 7. Juli 1946 in der Stadt Plovdiv geboren. Meine Kindheit verbrachte ich im Dorfe Orechowo, dem Stammort meiner Eltern. Das Dorf ist am Fuße des Gipfels Persenk gelegen, in einem der nördlichen Teile der Rhodopen, der wegen seiner dichten Kiefernwälder Tschernatitza (d. h. »Schwarzwald«) genannt wird. Hier entspringt der Fluß Tschaja, der weiter zur Thrakischen Ebene fließt und in die Maritza mündet. Das Dorf hat alte bulgarische Wurzeln, die schon im 13.–14. Jahrhundert liegen. Seine Bevölkerung bekennt sich zum Christentum und betreibt Land- und Forstwirtschaft, Viehzucht und übt alte Handwerke aus. In der Umgebung gibt es eine Reihe von Sehenswürdigkeiten, z. B. die riesengroßen Felsenbrücken – ein Naturgebilde, das als die »Wunderbaren Brücken« bekannt ist, ferner eine uralte Römerstraße am Bergkamm, welche die Ägäis mit dem Inland verband. Bis zu meinem zehnten Jahr besuchte ich dort die Dorfschule und spreche daher die Rhodopen-Mundart, die eine seltsame Melodik und ein reiches Synonymsystem besitzt. Ich bin unter Menschen aufgewachsen, deren Lebensweise den Bergen angepaßt war, reich an herrlichen Kiefern-, Tannen- und Laubwäldern, Blumen und Heilkräutern, an vielen Nußbäumen, daher der Name des Dorfes »Nußdorf«. Im Leben der Menschen waren viele alte Traditionen erhalten, viele Legenden und Überlieferungen, eine reiche Folklore und urwüchsiges Brauchtum für Feste und Bestattungen sowie manche heidnische Riten. Später, als ich die östlichen und südlichen Rhodopen bis zur griechischen Grenze durchwanderte, fiel es mir gar nicht schwer, meine Dokumentarerzählungen über die hundertjährigen Bewohner des Gebirges unter dem Titel »Die vom Himmel Vergessenen« zu schreiben, da meine

Wurzeln und die der anderen Rhodopenbewohner die gleichen sind.
Das Gymnasium besuchte ich in Assenowgrad, wohin meine Eltern übersiedelt waren. Das ist eine Kleinstadt, ebenfalls am Fuße der Rhodopen, durch welche derselbe Fluß Tschaja fließt. Assenowgrad hat eine noch ältere Geschichte und viele historische Sehenswürdigkeiten, z. B. ragt über der Stadt noch die alte Festung des I. bulgarischen Königreichs (11.-12. Jahrhundert) sowie 40 Kirchen und Kapellen. Nicht weit davon befindet sich das Batschkower Kloster, das zweitgrößte nach dem Rilakloster.
Meine Hochschulbildung – bulgarische Philologie und Literatur – absolvierte ich an der Sofioter Universität »Kliment Ochridski«. In Sofia wohne ich mit meiner Familie schon über 25 Jahre.
Mein Mann Alexander Tomow ist Prosa- und Drehbuchautor, mein elfjähriger Sohn heißt ebenfalls Alexander.
Nach Abschluß der Universität war ich als Journalistin und Redakteurin bei Zeitungen, Zeitschriften und Verlagen tätig. Meine Arbeit führte mich durch ganz Bulgarien. Ich bin im Besitz von zahlreichen Forschungen im Zusammenhang mit der Volkspsychologie, Folklore, Sprache, Daseinsbedingungen, Bräuchen, dem Wesen und Charakter der Bulgaren.
Meine Gedichtsammlungen »Aufgehende Hügel« wurden 1975 und »Selbstbildnis« 1989 veröffentlicht; die Dokumentarerzählungen über die Hundertjährigen – »Die vom Himmel Vergessenen« – im Jahre 1981. Das Werk erhielt den Preis des Schriftstellerverbandes. Weitere drei Manuskripte in Prosa und eins in Versen habe ich während des Totalitarismus in Bulgarien einigen Verlagshäusern angeboten, sie wurden jedoch von der Zensur nicht genehmigt. Im Jahre 1994 konnte mein Roman »Gäste aus dem Jenseits« erscheinen.

Inszenierung

Die »dokumentarischen Erzählungen« von Ekaterina Tomowa, ursprünglich nicht für die Bühne gedacht, wurden 1994 am Düsseldorfer Schauspielhaus in einer Inszenierung von Dimiter Gotscheff zur Grundlage eines Theaterabends. Während der Proben wurden die Texte für die Bühne bearbeitet.

Die vom Himmel Vergessenen
Uraufführung

Daphina.. .. .. Hanna Seifert
Assen .. .. Matthias Leja
Noah .. .. Horst Mendroch
Dimiter .. .. Dieter Prochnow
Sofia .. .. Peter Siegenthaler
Kalin .. .. Werner Wölbern

Inszenierung .. .. Dimiter Gotscheff
Bühnenbild .. .. Achim Römer
Kostüme .. .. Zwetan Dinekov
Musik.. .. .. Carlo Inderhees
Dramaturgie .. .. Joachim Lux

Aufführungsdauer: ca. 1¾ Stunden
Premiere: 5. Februar 1994 im Kleinen Haus

»Die vom Himmel Vergessenen« auf dem Theater
von Dimiter Gotscheff

Als das Buch in Bulgarien erschienen war, wurde es mir von einem Freund empfohlen. Wir waren damals gewöhnt, zeitgenössische Bücher immer mit einer gewissen Distanz zu lesen, denn wir mißtrauten ihrer Qualität. In der Regel lasen wir Bücher aus der Schublade, unveröffentlichte Dissidentenliteratur von Solschenizyn oder bulgarischen Autoren. Mit dem Tomowa-Buch habe ich mich aber sofort hingesetzt, mitten in Sofia, in einem schönen Garten, und es innerhalb einer Stunde durchgelesen. Ich war tief betroffen von dem Text und trage den Stoff seitdem mit mir herum. Die Autorin unterstützte mein Vorhaben, das Buch für das Theater zu inszenieren, und ich schlug den Stoff in Bulgarien mehrmals vor. Doch aus kulturpolitischen Gründen kam es nie zu einer Aufführung.

Später habe ich erfahren, daß es zu dem Buch eine irrsinnige Vorgeschichte gibt. Die Autorin hatte jahrelang in den Rhodopen recherchiert und danach ein Manuskript von über fünftausend Seiten vorliegen. Daraus hat sie das Buch destilliert und es dem Chefredakteur einer Zeitschrift zum Abdruck vorgeschlagen, einem berühmten bulgarischen Schriftsteller, der zugleich einer der übelsten Konformisten war. Der hat das Buch zwar für seine Zeitschrift angenommen, wollte es aber unter seinem eigenen Namen veröffentlichen! Das hört sich an wie eine finstere Balkangeschichte, ist aber die Wahrheit. Dieser Mann hatte zu der Zeit eine ungeheure Macht, doch dann passierte etwas, womit auch er nicht gerechnet hatte. Die Autorin ging im bürokratischen Apparat zu über siebenhundert Stellen, sprach bei Politikern vor, mobilisierte Kollegen, und gelangte am Schluß bis zum Staats- und Parteichef Todor Schiwkow. Der gestattete Frau Tomowa schließlich, daß das Buch unter ihrem Namen her-

auskam. Die Autorin durchlief eine Hölle, hat sich aber am Ende durchgesetzt. Zugleich hat sie, was damals eigentlich undenkbar war, so etwas wie eine solidarische Bewegung innerhalb der bulgarischen Intellektuellen ausgelöst.
Mich selbst hatte die von ihr beschriebene Welt gepackt. Ich entdeckte, daß davon auch etwas in mir schimmerte. Der Wunsch nämlich, unsere Welt einmal von einem anderen Raum aus zu sehen, nicht nur von innerhalb der Maschine. Ich glaube, daß jeder Mensch diese Sehnsüchte hat. Als ich dann in Deutschland den Stoff vorschlug, wurde er sofort positiv aufgenommen. Ich hatte zunächst befürchtet, hier könne das keiner verstehen. Der Stoff bewegt mich also seit '81. Es gibt solche Stoffe, die einen ein Leben lang begleiten, »Woyzeck« beispielsweise habe ich seit dreißig Jahren im Kopf, Heiner Müllers »Philoktet« seit neunzehn Jahren. Das gehört zu meiner Biographie. Jeder Regisseur trägt so etwas mit sich herum, es ist Teil seiner Seele.
In Düsseldorf hat jeder, vom Intendant Canaris bis zu den Schauspielern, begeistert auf den Stoff reagiert. Das Buch traf auch bei ihnen auf verborgene Sehnsüchte. Wir haben dann einfach begonnen, ohne konkreten Plan, ohne Vorauswahl, ohne Bühnenbildidee, ohne Besetzung. Es wurde wiederholt gelesen und dann habe ich gefragt: Wer will was spielen. Während der Arbeit gestaltete jeder seine Rolle selbst. Mich hat besonders die Abgeschlossenheit der Figuren gepackt, ihre Archaik. Die auch vorhandenen antizivilisatorischen Aspekte des Textes empfand ich als Herausforderung, denn ich glaube, daß man mit diesem Buch unsere Zivilisation besser lesen kann. Das Publikum empfindet das wohl ähnlich, denn ich habe selten im Theater eine solche Stille wie während dieses Stücks erlebt. Grüber, ein deutscher Regisseur, den ich sehr schätze, hat einmal gesagt: Was wir heute brauchen, ist eine bewegende Einfachheit. Das stimmt, nicht nur für das Theater. Eine solche bewe-

gende Einfachheit habe ich in dem Tomowa-Buch gefunden.

Allerdings ist es immer eine große Frage, wie man solche Texte dann inszeniert. Ich muß ehrlich gestehen, daß ich die Intensität, die ich bei dieser einen Lesestunde in einem Garten in Sofia empfunden habe, auf dem Theater nicht erreichen konnte. Der Prozeß des Wegschaufelns der vielen Schichten, die uns zivilisierte Menschen zudecken, ist sehr schwierig, und er gelingt leider nicht immer. Der Schauspieler muß, gerade weil es sich nicht um einen Theatertext handelt, stets total präsent sein. Denn es gibt ja im Text keine Dramaturgie, die mußten wir erst selbst herstellen.

Seit langem konzentriere ich mich bei meiner Arbeit nur auf den Schauspieler. Große Bühnenbilder o. ä., in denen der Schauspieler verschwindet, interessieren mich nicht. Meine Inszenierungen stellen den Schauspieler ins Zentrum. Texte wie der von Tomowa oder Müller oder Büchner ermöglichen es, bis in die Gedärme der Schauspieler hineinzusehen. Die Persönlichkeit des Schauspielers wird in ihrer essentiellen Dimension verlangt, ihre Emotionalität ist Katalysator für die Löcher in unserer Zivilisation. Es handelt sich also um Katharsis-Texte, ganz im klassischen Sinn. Denn das ist für mich nach wie vor die Hoffnung, daß der Schauspieler durch diesen Katharsis-Effekt auch die Gefühle der Zuschauer erreicht. Der Tomowa-Text öffnet solche Räume.